어느 가정 누구에게나 꼭 있어야 할 가정 추도예배의 실제

평신도들의 필독서

내가 준비하는
추도예배

최정성 지음

추도예배를 위한 기도문 / 각종 상제례를 위한 예절
추도예배를 위한 예배순서 / 각종 상제례를 위한 규범
추도예배를 위한 설교말씀 / 각종 상제례를 위한 순서

엘맨
하나님의 사람을 만들어 가는 ELMAN

평신도들의 필독서
내가 준비하는 추도예배

초판1쇄   2022년 5월 5일

지은이   최정성
펴낸이   이규종
펴낸곳   엘맨출판사
등록번호   제13-1562호(1985.10.29.)
등록된곳   서울시 마포구 토정로 222
         한국출판콘텐츠센터 422-3
전화   (02) 323-4060, 6401-7004
팩스   (02) 323-6416
이메일   elman1985@hanmail.net
         www.elman.kr

ISBN   978-89-5515-013-1   03230

값 20,000 원

평신도들의 필독서

내가 준비하는
추도예배

최정성 지음

 엘맨
하나님의 사람을 만들어 가는 ELMAN

목차

3. 장례예식

4. 설교

5. 상제례 지침

머리말

성도가 신앙생활을 하는 동안에 상례를 당하는 일이 어느 가정에서나 일어납니다. 목회자가 교회의 성도들이 상례를 당하면 장례를 집례하고 하관식을 인도하며 추도예식까지 인도해야 할 때가 참으로 많이 있습니다.

그럴 때마다 상황에 맞는 내용의 말씀으로 위로하고 소망을 주는 일은 결코 쉬운 일이 아닙니다.

목회를 하는 30년 동안 성도들이 상례에 관한 것을 물어 올 때가 많았습니다. 평신도들이 매년 돌아오는 명절이나 기일에 추도예배를 드려야 하는데 매번 목회자를 초청할 수 없고 자신들이 집례하여야 하는데 평신도들이 참고할만한 길잡이가 되는 상례 예식서가 없어서 어려움을 느끼는 것을 많이 보았습니다.

그리하여 부족하지만 필자는 교단 예식서를 참고로 하여 평신도의 상례예식의 길잡이가 될 수 있도록 미숙하지만 평소에 목회 현장에서 사용한 내용들을 엮어 한 권의 책으로 내어 놓습니다.

1편은 죽음의 신학적 의미를, 2편은 〈추도예배〉에 사용될 수 있는 내용들을 다루었고, 3편은 〈장례예식〉 전반에 관한 예식과 성묘 예식, 4편은 〈설교〉, 5편은 〈상제례에 관한 질문에 해답〉을 교단에서 다룬 것을 참고하여 수록하였습니다.

2022년 5월
지은이 최정성

1
상례예식

1. 죽음의 신학적 의미

1.1 자연적인 죽음

구약성경은 인간의 삶은 고귀한 것이지만 말년에 이르면 마치 추수 때의 곡식단을 제 때에 들어올림과 같다고 말하며(욥 5:26), 사람은 장수하여 노년의 행복한 때를 마치면 '그의 조상에게로' 돌아간다고 말한다(창 15:15). 사람은 그에게 정해진 삶의 연한에 달하게 되면 땅에서 사는 모든 피조물이 가야 하는 길을 가게 되어 있는 것이다(수 23:14).

신약성경에서도 이같은 생각이 계승되고 있으나 곧 죽음은 일반적인 인간의 운명이라고 한다(요 6:49-58). 인간의 몸은 죽음을 피할 수 없고(롬 6:12, 8:11), 죽음은 공포의 대상이며(계 6:8), 또한 '최후의 원수'(고전 15:26)라고 했다. 그러나 신약성경은 죽음이 종국적으로 멸절됨으로써 구원의 목적이 이루어지게 된다고 말한다(계 20:14).

1.2 죽음의 기원

성경은 죽음의 기원이 인류의 시조 아담과 하와의 범죄의 결과에서 왔다고 말한다(창 3:1-9). 그런데 아담은 낡은 인류의 조상이지만 그리스도는 새 인류의 조상이라고 성경은 말하여(고전 15:22) 아담에 속한 낡은 인류는 처음부터 죽음에 굴복하게 되었고, 그리스도 안에서 거듭난 새 인류는 그리스도의 부활로 시작된 생명으로 살게 된 것이다.

아담의 범죄로 인하여 죽음이 이 세상에 들어왔다고 해도(롬 5:12, 17-18) 아담이 죄를 범하였다는 것으로 우리가 그 책임에서 예외가 될 수 없고(롬 3:23), 죄의 결과인 죽음을 면할 수도 없다(롬 5:12). 그래서 모든 사람은 오직 그리스도에 의해서만 죄와 죽음에서 구원을 받을 수밖에 없다.

바울은 죽음의 기원을 '육'에 돌리고 있다. '육'이란 하나님에 의해서가 아니라 자기 자신에 의하여 존재하려고 하는 인간의 생활방식이다. 육이란 죄와 죽음 사이에 본질적인 관련성이 있다는 이유를 여기서 이해할 수 있다. 인간은 자기 노력으로써 죽음을 면하려 하고, 자기 업적으로써 생명을 얻으려 하기에, 인간은 더욱 죄와 죽음 가운데로 몰리게 된다.

1.3 죽음의 상태

　육체적 죽음은 생명의 종말이 아니고 최후의 심판이 죽음 후에 이어서 오게 된다(히 9:27). 최후의 심판에는 모든 죽은 자의 부활(요 5:28-29)과 믿는 자들의 부활이 있는데(고전 15:22, 전 15:22-24) 이 죽음과 심판을 위한 부활 사이에 죽은 자들이 가는 낙원 또는 음부가 있다(눅 23:43, 16:23).

　또 성경에는 죽음을 '잔다'라고도 표현한다(살전 4:13-25). 그러나 죽은 사람이 사후의 심판에 의하여 최후의 죽음에 이르는 자가 있으니, 이 죽음이 곧 '둘째 사망'이다(계 20:11). 그러나 그리스도를 믿고 따르는 자에게는 이 죽음이 지배하지 못하지만, 주님을 믿지 않는 사람은 죽음의 힘이 현재의 생명을 지배하고, 그 본래의 생명에 있지 못하게 한다(히 2:15). '생명에 이르게 할 계명이 내게 대하여 도리어 사망에 이르게 하는 것이 되었기에'(롬 7:10), 이런 사람은 살아 있으면서도 '죽은 자'(마 8:22)요, 그의 몸은 '사망의 몸'(롬 7:25)이며, 그의 행실은 '죽은 행실'(히 9:14)이라고 성경은 말한다. 또 사랑이 없는 사람은 사망 가운데 있으며(요일 3:14), 그리스도의 말씀을 믿지 아니하는 사람은 죽음에서 생명으로 올 수 없다고도(요 5:24-25) 성경은 말한다.

1.4 그리스도의 죽음과 부활

그리스도의 죽음은 보통 사람들의 죽음이 아니고 하나님께서 우리를 위하여 죽게 하신 것이다. 그리스도는 하나님에 의해 우리를 위하여 죄인이 되시고, 죄인으로서 심판을 받으시고, 죄인으로서 죽으셨다(고후 5:21). 신앙에 의하여 이 그리스도의 죽음을 자기 자신의 죽음으로 받아들임으로 세상은 믿는 자에 대하여, 믿는 자는 세상에 대하여 십자가에 달린다(갈 6:14). 이리하여 믿는 자는 그리스도와 함께 죽고, 그리스도와 함께 사는 것이다(롬 6:3-10).

예수님의 부활은 예수님 자신의 자연적 부활이 아니고 하나님께서 예수 그리스도를 부활시킨 창조적 사건이다(행 2:32). 하나님은 예수님을 죽은 자 가운데서 일으키심으로 말미암아 하나님 자신이 생명과 죽음의 주님 되심을 계시하셨다. 제자들은 예수님의 부활에 있어서 이 생명과 죽음의 주님 되신 하나님을 믿는 신앙으로 말미암아 능력을 알게 되었다. 부활하신 주님은 부활 후 40일간 제자들에게 나타나셨고, 하나님에게로 돌아가셨다.

그리스도인의 구원의 희망은 모두 부활하신 예수님에게 근거하고 있다(고전 15:17). 그리스도인은 종말의 날에 예수님의 부활하신 영체에 참여하게 된다. 예수님의 부활 사건은 그리스도인들의 영원한 소망이요, 그 보증이다. 모든 종교가 사후의 생명을 약속하고 있으나, 주님의 부활의 복음만이 참되고 영원한 생명을 보증한다. 그러므로 주 안에서 죽는 자는 복이 있다(계 14:13). 주님 안에서 죽음은 종말이 아니라 영원한 생명의 시작이다.

2

추도식과 예배

1. 추모예식의 의미

　추도식은 추모하는 당사자를 기념하고 추모하는 예배 행위이다. 정월 초하루나 추석날은 조상 모두를 기념해서 추모하는 예배 행위이므로 이때에도 가족 전통에 따라 종가에 친지들이 다 모여 가족 공동체의 친교가 있어야 한다.

　기일에 모이는 추도식은 돌아가신 날 저녁에 모이고 설날이나 추석날에는 아침이나 낮에 모이는 것이 좋다. 그리스도인의 예배는 하늘과 땅의 주가 되신 예수 그리스도 안에서 하나님의 은총의 배려 앞에 모든 것을 위탁하는 신뢰의 행위이다. 그리고 이때의 예배는 세상에 남아 있는 자손들이 하나님의 계명과 믿음의 약속 안에서 진실하게 살 것을 다짐하고 앞서 가신 조상들의 생명을 이어받은 후손들의 삶을 통해 더 풍성하게 이어가겠다는 윤리적 다짐의 행위가 되어야 한다.

　부모의 은혜에 대한 감사와 좋은 후손이 되어 가문의 영광을 빛내도록 해야 한다.

　추도예배는 단순히 말씀을 중심한 후손들의 각성과 도덕 재무장의 날에 그치지 말고 그리스도 안에서 산 자와 죽은 자가 영적으로 교통하는 체험의 날이 되도록 해야 한다.

영적 교제는 시공간을 초월하여 경험할 수 있다. 거룩한 만남의 체험이 있어야 한다.

1.1 추모예배의 의미와 자세

고인을 기념하여 애도하고 추모하는 식을 추도식이라 한다.

추도식 때에는 고인의 걸으셨던 삶과 믿음의 발자취를 더듬어 보고 그의 유지를 회상하는 가운데 교훈을 받고, 또 새로운 결심을 하며 원근 각처에 떨어져 살고 있던 유족과 친족 및 친지들이 추도식 날을 계기로 모여서 화목하고 우의를 깊이 다지는 좋은 기회가 되어야 한다.

추도예배는 고인이 운명한 날에 드리는 것이 좋고 만일 주일과 겹치게 되면 전날이나 다음날 하는 것이 좋다.

추도예배에 참석하는 사람들은 직계 가족에 한하는 것이 좋지만 친척들이나 친지들에게 알리는 것도 좋다. 음식은 준비하되 진상을 해서는 안 되며 추도식 후에 참석한 이들과 음식을 나눈다.

고인을 매년 추도하는 것이 좋으며 처음 2~3년 동안은 교역자를 초청하여 하는 것이 좋고 추도식을 갖는 기간은 고인의 자녀 생존 시까지 하는 것이 좋다.

1) 추모예식의 정의

고인을 기념하여 애도하고 추모하는 식을 추모예식이라고 한다. 추모예식에는 고인의 믿음의 발자취를 더듬고 그의 유지를 회상하는 가운데 큰 교훈을 받고 새로운 결심이 유족에게 있어야 하고 유족과 친족 및 친지들 간에 화목과 우의를 더 깊게 갖게 되는 계기를 마련하는데 그 의의가 있다.

추도는 죽은 이를 생각하는 슬퍼한다는 뜻이요 추모는 죽은 이를 사모한다는 뜻이다. 그러므로 추도와 추모를 병행하여 사용하고 있다.

2) 추모예식의 준비

(1) 고인이 별세한 날 하는 것이 좋고, 시간과 장소는 가족의 합의 하에 하는 것이 좋다. 추모일이 주일과 겹치면 전날이나 다음날 하는 것이 좋다.

(2) 대상 범위는 직계에 한하는 것이 좋다.

(3) 추모예식은 고인의 자녀 생존 시까지 함이 좋다.

(4) 고인의 가까운 친척들이나 친지들에게 추모예식이 있음을 알릴 수도 있다.

(5) 식전을 꾸며 놓을 경우, 상 위에 사진을 놓고 꽃으로 장식할 수 있다.

(6) 음식을 준비하되 진상(상차림)해서는 안 되며 추모예식 후에 나누도록 함이 좋다.

3) 추모예배의 의의

(1) 고인에 대한 추모이다(삿 11:40).

   ● 좋은 일들을 기억하고 감사를 느껴야 한다.

(2) 자신의 삶에 대한 반성이다(호 14:1-3).

   ● 잘못된 삶을 돌아보아야 한다.

   ● 하나님께 돌아가야 한다.

(3) 새로운 결단이 있어야 한다(왕상 18:21).

   ● 죄악의 생활을 끊기로 결단해야 한다.

   ● 하나님의 선하신 뜻을 위해 살기로 결단해야 한다.

4) 추도예배의 가치

(1) 인생의 교훈을 얻는다(욥 1:21).

   ● 적신으로 왔다가 적신으로 돌아가는 인생이다.

   ● 하나님의 도우심이 필요하다.

   ● 안식처가 중요하다.

(2) 본분을 다하는 삶을 살아야 한다(요 4:23-24).

   ● 하나님의 백성으로서의 본분을 다하여야 한다.

   ● 복음전도자로서의 사명을 다하여야 한다.

   ● 그리스도의 군사로서의 삶을 살아야 한다.

5) 추도예배의 바른 자세

(1) 가신 분의 은덕을 기려야 한다.

● 그 희생과 사랑을 감사해야 한다.

● 그 신앙 유산을 감사해야 한다.

(2) 가신 분의 교훈을 유념해야 한다.

● 생전의 부탁을 기념해야 한다.

● 사후의 고인의 소원을 생각해 보아야 한다.

(3) 가신 분의 삶의 자취를 우리 신앙에 적용해야 한다.

● 삶의 내용을 살펴 적용해야 한다.

● 삶의 결과를 유의해서 보아야 한다.

2. 추모예식 해설

2.1 지침

고인을 기념하여 애도하고 추모하는 식을 추모예식이라고 한다. 추모예식에는 고인의 믿음의 발자취를 더듬고, 그의 유지를 회상하는 가운데 큰 교훈을 받고 새로운 결심이 유족에게 있어야 하겠다. 그리고 유족과 친족 및 친지들 간에 화목과 우의를 더 깊게 하는 계기가 되어야 한다. 추모예식을 거행함에 있어 유의할 사항은 다음과 같다.

(1) 고인이 별세한 날 하는 것이 좋고, 시간과 장소는 가족의 합의하에 하는 것이 좋다. 추모일이 주일과 겹치면 전날이나 다음날 하는 것이 좋다.

(2) 대상 범위는 직계에 한하는 것이 좋다.

(3) 추모예식은 고인의 자녀 생존 시까지 함이 좋다.

(4) 고인의 가까운 친척들이나 친지들에게 추모예식이 있음을 알릴 수도 있다.

(5) 고인의 사진과 신앙적 유품(성경, 찬송)과 약력을 준비하고,

생전에 녹음해 놓은 육성이나 녹화해 둔 것이 있으면 준비하는 것이
좋겠다.

(6) 식전을 꾸며 놓을 경우, 상 위에 사진을 놓고 꽃으로 장식할
수 있다.

(7) 음식을 준비하되 진상(상차림)해서는 안되며, 추모예식 후에
나누도록 함이 좋다.

2.2 추모예식 순서(1)

예식사 ·· 집례자
신앙고백 ·· 다같이
찬송 ········ "세월이 흘러가는데"(485장, 구534장) ··········· 다같이

1. 세월이 흘러가는데 이 나그네된 나는
   괴로운 세월 가는 것 막을 길 아주 없네
2. 저 뵈는 하늘 집에서 날 오라 하실 때에
   등 예비하라 하신 말 나 항상 순종하네
3. 어두운 그날 닥쳐도 찬송을 쉬지 마세
   금 거문고를 타면서 나 주를 찬양하리
4. 큰 풍파 일어나는 것 세상 줄 끊음일세
   주께서 오라 하시면 내 본향 찾아가리
(후렴) 저 요단강가 섰는데 내 친구 건너가네
   저 건너편에 빛난 곳 내 눈에 환하도다

기도 ··· 맡은이

인간의 생사를 주관하시는 하나님! 우리가 예수 그리스도의
은혜와 성령님의 인도하심으로 슬픔과 절망의 어두운 그늘
속에서도 믿음과 희망을 가지고 살게 하심을 감사드립니다.
오늘은 하나님께서 일찍이 고 OOO 씨를 하나님의 나라로 불러

가신 그 날이어서 유족들과 고인과 관계된 모든 이들이 모여 예배를 드립니다.

사죄의 하나님, 고인을 통한 주님의 큰 뜻을 헤아릴 수 없어 그 뜻을 펴지 못한 우리의 부족을 고백합니다. 우리 각자가 그리스도 안에서 고인에게 다하지 못한 모든 정(효도, 우정, 신의 등)을 생각하며 우리의 부족을 고백하오니 사죄하여 주소서.

자비로우신 하나님! 여기의 우리들, 즉 죽은 이나 산 이들 모두에게 하늘의 영원한 복을 허락하소서. 그리하여 우리로 하여금 우리 주 예수 그리스도 안에서 성령님의 인도하심을 받아 고인의 삶을 영원히 이어가며, 하나님의 뜻을 이 땅 위에 널리 펴는 새로운 은혜를 베풀어 주소서. 예수님의 이름으로 기도드립니다. 아멘.

성경봉독 ·························· 히 11:1-12 ····················· 다같이
권면과 위로 ···················· "인생의 발자취" ···················· 다같이

인생은 한 생애를 통해 발자취를 남기고 갑니다.

첫째, 죄의 발자취를 남기고 간 자들입니다. 하나님의 말씀을 불순종한 아담, 하와, 가인, 가룟 유다 등은 죄의 발자취를 남기고 갔습니다.

둘째, 무의미한 발자취를 남기고 간 자들입니다. 이 땅에는 많은 사람들이 삶의 의미도, 목표도, 성취함도 없이 살고 있습니다.

므두셀라는 969세를 살았지만 무의미한 생을 살고 갔습니다. 셋째, 신앙의 발자취를 남기고 간 자들입니다. 하나님을 믿는 믿음으로 빛나는 아브라함과 모세는 위대합니다. 예수님의 발자취는 인류 구원의 성업을 남긴 발자취였습니다. "위대한 사람의 인생은 우리를 일깨워 준다. 우리 일생 숭고하게 할 수 있음을, 그리하여 떠나면서 우리는 뒤에, 시간의 모래 위에 발자국을 남긴다"(롱펠러의 〈인생찬가〉에서).

기도 ·· 맡은이
추모 ·· 맡은이

      1. 고인의 약력 보고

      2. 추모사

      3. 유언이나 유서, 유물 소개

찬송 ······ "때 저물어서 날이 어두니"(481장, 구531장) ······ 다같이

1. 때 저물어서 날이 어두니 구주여 나와 함께 하소서
내 친구 나를 위로 못할 때 날 돕는 주여 함께 하소서
2. 내 사는 날이 속히 지나고 이 세상 영광 빨리 지나네
이 천지만물 모두 변하나 변찮는 주여 함께 하소서
3. 주 홀로 마귀 물리치시니 언제나 나와 함께 하소서
주같이 누가 보호하리까 사랑의 주여 함께 하소서

4. 이 육신 쇠해 눈을 감을 때 십자가 밝히 보여 주소서
내 모든 슬픔 위로하시고 생명의 주여 함께 하소서 아멘

축도 ··· 목사

2.3 추모예식 순서(2)

예식사 ·· 집례자
기원 ·· 맡은이
찬송 ··············· 고인이 좋아하던 찬송 ············· 다같이
기도 ·· 맡은이

사랑이 풍성하신 하나님, 우리가 지금 고 ○○○씨의 과거를 추모하면서 가족들과 친지와 교우들이 한 자리에 모였습니다. 그가 과거에 살아있을 때 행한 모든 일을 다시 한번 생각하게 해 주시고, 그가 하고자 하였으나 하지 못한 것을 자손들로 하여금 성취하게 하여 주소서.

사람의 일생은 하루아침에 있다가 없어지는 안개와 같습니다. 모든 육체는 풀과 같고, 그 모든 영광이 들의 꽃과 같다고 하였습니다. 세상의 부귀, 영화가 들의 꽃이 아니고 무엇입니까? 풀은 마릅니다. 꽃은 떨어집니다. 육체는 죽습니다. 육체의 영광도 꽃과 같이 떨어집니다. 그러나 하나님을 믿는 성도에게는 영생이 있다고 하였습니다. 우리는 부활하여 영생에 들어가는 것을 다시 기억하게 하여 주시고, 고인의 모범적인 신앙의 본을 다시 되새기게 하여 주시고, 온 가정에 하나님의 복과 위로를 주소서. 예수님의 이름으로 기도드립니다. 아멘.

성경봉독 ·············· 계 21:1-7, 잠 3:1-10 ·············· 맡은이

권면과 위로 ··· 다같이

약력 또는 기념사 ·· 다같이

    (장례식 때 읽은 약력을 다시 읽어 기념하거나 혹은 녹음을 들으면서 고인의 특성 있는 과거의 일을 회상케 하는 것도 좋을 것이다.)

찬송 ···················· 고인이 좋아하던 찬송 ······················ 다같이

기도 ·· 목사

    ※ 추모예식은 친지들이 모여서 그의 과거를 추모할 수 있고, 또 가정에서 가족들이 부모의 과거를 돌아보기 위하여 할 수도 있다. 그러나 반드시 추모예식을 해야 하는 것은 아니니, 집례자가 잘 참고해야 할 것이다.

2.4 추모예식 순서(3)

예식사 ····················· 딤후 1:3-4 ························· 집례자

이 말씀에 의지하여 지금부터 고 OOO씨(성도, 직분명)의
추모예식을 시작하겠습니다.

기도 ·· 맡은이

위로와 소망의 하나님! 만물을 생명과 죽음으로 섭리하시며,
우리를 그 안에서 보살피심을 감사드립니다. 오늘 고 OOO씨
(성도, 직분명)의 추모예식에 모인 우리가 다시 한번 하나님의
권능과 은혜를 체험하는 시간이 되도록 이 예배를 인도하여
주소서. O년 전 하나님의 부름을 받아 우리 곁을 떠나신
고인을 생각하며, 오늘의 우리를 반성하고 하나님을 향한 삶의
자세를 가다듬는 시간 되게 하소서. 예수 그리스도의 이름으로
기도드립니다. 아멘.

찬송 ········ "해보다 더 밝은 저 천국"(606장, 구291장) ······ 다같이

1. 해보다 더 밝은 저 천국 믿음만 가지고 가겠네
믿는 자 위하여 있을 곳 우리 주 예비해 두셨네
2. 찬란한 주의 빛 있으니 거기는 어두움 없도다

우리들 거기서 만날 때 기쁜 낯 서로가 대하리

3. 이 세상 작별한 성도들 하늘에 올라가 만날 때

인간의 괴롬이 끝나고 이별의 눈물이 없겠네

4. 광명한 하늘에 계신 주 우리도 모시고 살겠네

성도들 즐거운 노래로 영광을 주 앞에 돌리리

(후렴) 며칠 후 며칠 후 요단강 건너가 만나리(×2) 아멘

성경봉독 ·· 맡은이

(요 14:1-6, 살전 5:1-11, 계 21:1-8, 고전 15:51-58 등을
참고한다.)

권면과 위로 ··집례자

찬송 ······ "잠시 세상에 내가 살면서"(492장, 구544장) ······다같이

1. 잠시 세상에 내가 살면서 항상 찬송 부르다가

날이 저물어 오라 하시면 영광 중에 나아가리

2. 눈물 골짜기 더듬으면서 나의 갈 길 다 간 후에

주의 품 안에 내가 안기어 영원토록 살리로다

3. 나의 가는 길 멀고 험하며 산은 높고 골은 깊어

곤한 나의 몸 쉴 곳 없어도 복된 날이 밝아 오리

4. 한숨 가시고 죽음 없는 날 사모하며 기다리니

내가 그리던 주를 뵈올 때 나의 기쁨 넘치리라

(후렴) 열린 천국 문 내가 들어가 세상 짐을 내려놓고

빛난 면류관 받아 쓰고서 주와 함께 길이 살리

나눔 ··· 맡은이

(고인이 즐겨 부르던 찬송이나 성경구절, 또는 고인의 신앙을

기리는 이야기들을 간략하게 나눈다.)

축도 ··· 목사

3. 추모예배의 실제

3.1 추모예배의 모델

1) 묵상과 개회기도

온 가족들이 고인을 추모하면서 성삼위 하나님께 묵상 기도한다.

묵상성구 봉독 : 추모제 인도자가 조용한 목소리로 다음의 성구나 다른 한 곳을 낭독하는 동안 남은 가족들은 고개 숙여 묵상한다.

〈시편 121:1-8〉

내가 산을 향하여 눈을 들리라. 나의 도움이 어디서 올까? 나의 도움은 천지를 지으신 여호와에게서로다. 여호와께서 너를 실족하지 아니하게 하시며 너를 지키시는 이가 졸지 아니하시리로다. 이스라엘을 지키시는 이는 졸지도 아니하시고 주무시지도 아니하시리로다. 여호와는 너를 지키시는 이시라. 여호와께서 네 오른쪽에서 네 그늘이 되시나니, 낮의 해가 너를 상하게 하지 아니하며, 밤의 달도 너를 해치지 아니하리로다. 여호와께서 너를 지켜 모든 환난을 면하게 하시며 또 네 영혼을 지키시리로다. 여호와께서 너의 출입을 지금부터 영원까지 지키시리로다.

개회기도 : 인도자가 다음과 같은 요지의 개회기도를 드린다.

인도자 / 은혜와 자비가 풍성하신 성삼위일체 하나님! 영광과 존귀와 감사를 주님께 드립니다. 오늘은 저희의 육신의 아버님(어머님, 형제, 자매) OOO 님의 돌아가신 날을 맞아 가족들이 추모제로 모였사오니, 성령께서 임재하셔서 하나님께 영광이 되고 저희들에게는 큰 위로와 은혜의 시간이 되게 하여 주시옵소서. 성령 안에서 가신 이와 남은 저희가 하나로 통해지는 "성도의 교통" 하는 은혜를 입게 하옵소서. 예수님의 이름으로 기도 드립니다. 아멘.

2) 사도신경을 함께 고백함

인도자 / 우리 다함께 사도신경으로 우리 신앙을 고백합시다.
다함께 / 전능하사 천지를 만드신 하나님 아버지를 내가 믿사오며, 그 외아들 우리 주 예수 그리스도를 믿사오니, 이는 성령으로 잉태하사 동정녀 마리아에게 나시고, 본디오

빌라도에게 고난을 받으사, 십자가에 못박혀 죽으시고,
장사한 지 사흘만에 죽은 자 가운데서 다시 살아나시며,
하늘에 오르사, 전능하신 하나님 우편에 앉아 계시다가,
저리로서 산 자와 죽은 자를 심판하러 오시리라.
성령을 믿사오며, 거룩한 공회와 성도가 서로 교통하는
것과 죄를 사하여 주시는 것과, 몸이 사는 것과 영원히
사는 것을 믿사옵나이다. 아멘.

3) 헌화하는 시간을 갖는다.

(1) 장자나 가족 대표가 고인의 사진 앞에 나와 꿇어앉아 헌화한다.
(2) 남은 가족들은 참여하는 심정으로 주목하여 바로 보고,
가족대표가 기도할 때, 온 가족이 함께 기도한다.

4) 찬송 부름

인도자 / 찬송가 364장을 함께 부릅시다.
(위의 찬송가나 고인이 즐겨 부르던 찬송가나 가족이 원하는
찬송가를 불러도 좋다.)

5) 성경봉독과 말씀의 뜻 새김

인도자 / 성경말씀을 봉독합니다. 말씀을 읽으면서 그 뜻을

마음으로 새깁니다.

〈구약성경 잠언 3:1-10〉

내 아들아, 나의 법을 잊어버리지 말고 네 마음으로 나의 명령을 지키라. 그리하면 그것이 네가 장수하여 많은 해를 누리게 하며 평강을 더하게 하리라. 인자와 진리가 네게서 떠나지 말게 하고, 그것을 네 목에 매며 네 마음판에 새기라. 그리하면 네가 하나님과 사람 앞에서 은총과 귀중히 여김을 받으리라. 너는 마음을 다하여 여호와를 신뢰하고 네 명철을 의지하지 말라. 너는 범사에 그를 인정하라. 그리하면 네 길을 지도하시리라.

스스로 지혜롭게 여기지 말지어다. 여호와를 경외하며 악을 떠날지어다. 이것이 네 몸에 양약이 되어 네 골수를 윤택하게 하리라. 네 재물과 네 소산물의 처음 익은 열매로 여호와를 공경하라. 그리하면 네 창고가 가득히 차고 네 포도즙 틀에 새 포도즙이 넘치리라.

〈신약성경 고린도전서 15:35-49〉

누가 묻기를 죽은 자들이 어떻게 다시 살아나며, 어떠한 몸으로 오느냐 하리니, 어리석은 자여, 네가 뿌리는 씨가 죽지 않으면 살아나지 못하겠고, 또 네가 뿌리는 것은 장래의 형체를 뿌리는 것이 아니요, 다만 일이나 다른 것의 알맹이 뿐이로되, 하나님이 그 뜻대로 그에게 형체를 주시되 각 종자에게 그 형체를 주시느니라. 육체는 다 같은 육체가 아니니, 하나는 사람의 육체요, 하나는 짐승의 육체요, 하나는 새의 육체요, 하나는 물고기의 육체라. 하늘에 속한 형체도 있고 땅에 속한 형체도 있으나 하늘에 속한 것의 영광이 따로 있고, 땅에 속한 것의 영광이 따로 있으니, 해의 영광이 다르고, 달의 영광이 다르며, 별의 영광도 다른데 별과 별의 영광이 다르다. 죽은 자의 부활도 그와 같으니 썩을 것으로 심고 썩지 아니할 것으로 다시 살아나며, 욕된 것으로 심고 영광스러운 것으로 다시 살아나며, 약한 것으로 심고 강한 것으로 다시 살아나며, 육의 몸으로 심고 신령한 몸으로 다시 살아나나니, 육의 몸이 있은즉 또 영의 몸도 있으니라. 기록된 바 첫 사람 아담은 생령이 되었다 함과 같이 마지막 아담은 살려 주는 영이 되었나니, 그러나 먼저는 신령한 사람이 아니요 육의 사람이요, 그 다음에 신령한 사람이니라. 첫 사람은 땅에서 났으니 흙에 속한 자이거니와 둘째 사람은 하늘에서 나셨느니라. 무릇 흙에 속한 자들은 저 흙에 속한 자와 같고 무릇 하늘에 속한 자들은 저 하늘에 속한 이와 같으니, 우리가 흙에 속한 자의 형상을 입은 것 같이 또한 하늘에 속한 이의 형상을 입으리라.

6) 대표기도

인도자 / OOO 가 온 가족을 대표하여 기도합시다.

기도자 / 산 자와 죽은 자의 주님이 되시는 영원하신 하나님 아버지, 저희로 하여금 예수 그리스도의 은혜를 힘입어 죽음과 절망의 어두운 그늘 속에서도 영원한 희망을 갖게 하시며, 성령의 인도하심에 따라 언제 어떤 경우를 당하든지 저희의 마음을 하나님께로 향하게 하시오니 감사합니다.

오늘은 하나님 나라의 백성이 된 고 OOO 씨(아버지, 어머니)를 아브라함의 품으로 불러 가신 그날이어서 저희가 이날을 기념하여 모였습니다. 저희 유족들을 오늘까지 믿음 안에서 붙들어 주시며 이끌어 주시고 지켜 주셨음을 감사드립니다.

용서의 하나님 아버지, 저희가 가신 분을 통한 하나님의 큰 뜻을 헤아릴 수 없어 그 뜻을 따르지 못한 저희의 허물을 고백합니다. 저희 각자가 그리스도 안에서 가신 분에게 다하지 못한 모든 정(효도, 우정, 신의 등)을 생각하며 저희의 허물을 고백하오니 용서하여 주옵소서.

자비로우신 하나님 아버지, 죽은 이나 산 이들 모두에게 하늘의 영원한 복을 허락하여 주옵소서. 그리하여 저희로 하여금 주 예수 그리스도 안에서 성령의 인도하심을 받아 고인의 삶을 영원히 이어가며 하나님의 뜻을 이 땅 위에 널리 펴는 새로운 은혜를 베풀어 주옵소서.
우리 주 예수 그리스도의 이름으로 기도드립니다. 아멘.

7) 찬송 부름

인도자 / 찬송가(통) 543장을 함께 부릅시다.

8) 고인에 대한 추모말씀(생략할 수 있다.)

참석자 중에서 고인을 추모하면서 고인의 생애의 업적, 일화, 남기신 유훈, 유지 등을 되새기며 추모하는 시간을 갖는다. 특별히 말씀해 주실 어른이 참석했을 때 부탁할 수 있다. 고인의 유언이나 유훈이 유족과 모든 이들에게 유익한 것이라 생각될 경우에는 잠깐 동안 묵상을 하는 순서를 가질 수 있다.

9) 성령 안에서 고인과의 영적 교통

인도자 / 앞서가신 우리의 OOO 님을 생각하며, 성령님의 도우심 안에서 영적 교통하는 시간을 가집시다.
사도신경이 고백하는 "성도의 교통"을 믿으며, 성령 안에서 고인과의 영적 대화를 마음으로 갖는 침묵기원의 시간이다. 약 1분 동안 묵상시간을 가진다.

10) 주님이 가르쳐 주신 기도

인도자 / 주님께서 가르쳐 주신 기도를 다함께 드립시다.

다같이 / 하늘에 계신 우리 아버지여, 이름이 거룩히 여김을 받으시오며, 나라가 임하옵시며, 뜻이 하늘에서 이룬 것 같이 땅에서도 이루어지이다.

오늘 우리에게 일용할 양식을 주시옵고, 우리가 우리에게 죄 지은 자를 사하여 준 것 같이 우리 죄를 사하여 주시옵고, 우리를 시험에 들게 하지 마시옵고, 다만 악에서 구하시옵소서.

대개 나라와 권세와 영광이 아버지께 영원히 있사옵나이다. 아멘.

11) 추모제를 마침과 음식을 나눔

추모제가 끝난 후, 참석자들은 음식을 나누면서 우의를 다지며 신앙 안에서 살아갈 것을 서로 격려하는 뜻 깊은 식탁에 동참한다.

3.2 추모예식 순서(1)

개식사 ··· 집례자

지금부터 고 OOO 씨(혹은 존칭어)의 O 주기 추모식을 거행하겠습니다.

신앙고백 ····································· 다같이
찬송 ························· 534장(통) ························ 다같이
기도 ······································· 맡은이

인간의 생사를 주관하시는 하나님 아버지, 우리가 예수 그리스도의 은혜와 성령님의 인도하심으로 슬픔과 절망의 어두운 그늘 속에서도 믿음과 희망을 가지고 살게 하심을 감사드립니다. 오늘은 일찍이 고 OOO 씨를 하나님의 나라로 불러 가신 그 날이어서 유족들과 고인과 관계된 모든 이들이 모여 예배를 드립니다.

용서의 하나님, 우리가 고인을 통한 아버지의 큰 뜻을 헤아릴 수 없어 그 뜻을 펴지 못한 우리의 부족을 고백합니다. 우리 각자가 그리스도 안에서 고인에게 다하지 못한 모든 정(효도, 우정, 신의 등)을 생각하며 우리의 부족을 고백하오니 용서하옵소서. 자비로우신 하나님 아버지, 여기의 우리들, 즉 죽은 이나 산 이들 모두에게 하늘의 영원한 복을 허락하옵소서. 그리하여 우리로

하여금 우리 주 예수 그리스도 안에서 성령님의 인도하심을 받아 고인의 삶을 영원히 이어가며, 하나님의 뜻을 이 땅 위에 널리 펴는 새로운 은혜를 베풀어 주옵소서. 예수님의 이름으로 기도합니다. 아멘.

성경말씀 ························· 히 11:1-12 ······················ 다같이

설교 ···················· 인생의 발자취 ···················· 다같이

기도 ··· 맡은이

추모 ··· 맡은이

① 고인의 약력 보고

② 추모사

③ 유언이나 유서나 유물 소개

찬송 ····················· 531장(통합) ···························· 다같이

축도(주기도) ··· 맡은이

1) 설교-인생의 발자취(히 11:1-12)

인생은 한 생애를 통해 발자취를 남기고 갑니다.

1. 죄의 발자취를 남기고 간 자들

하나님의 말씀을 불순종한 아담, 하와, 가인, 가룟 유다 등은 죄의 발자취를 남기고 갔습니다.

2. 무의미한 발자취를 남기고 간 자들

이 땅에는 많은 사람들이 삶의 의미도 목표도 성취함도 없이 살았습니다. 므두셀라는 969세를 살았지만 무의미한 생을 살고 갔습니다.

3. 신앙의 발자취를 남기고 간 자들

하나님을 믿는 믿음으로 빛나는 아브라함과 모세는 위대합니다. 예수님의 발자취는 인류 구원의 성업을 남긴 발자취였습니다.

"위대한 사람의 인생은 우리를 일깨워 준다. 우리 일생을 숭고하게 할 수 있음을, 그리하여 떠나면서 우리는 뒤에, 시간의 모래 위에 발자국을 남긴다."(록펠러의 인생찬가에서)

3.3 추모예식 순서(2)

개식사 ··· 집례자
기원 ··· 집례자
찬송 ····················· 고인이 좋아하던 찬송 ················· 다같이
기도 ··· 맡은이

사랑하는 하나님, 우리가 지금 고 OOO 씨의 과거를 추모하면서 가족들과 친지와 교우들이 한자리에 모였습니다. 그가 과거에 살아 있을 때에 행한 모든 일을 다시 한번 생각하게 하여 주시고, 그가 하고자 하였으나 하지 못한 것을 자손들로 하여금 성취하게 하여 주옵소서.

사람의 일생은 하루 아침에 있다가 없어지는 안개와 같습니다. 모든 육체는 풀과 같고 그 모든 영광이 풀의 꽃과 같다고 하셨습니다. 생의 부귀, 영화가 풀의 꽃이 아니고 무엇입니까? 풀은 마릅니다. 꽃은 떨어집니다. 육체는 죽습니다. 육체의 영광도 꽃과 같이 떨어집니다. 그러나 하나님을 믿는 성도에게는 영생이 있다고 하였습니다. 우리는 부활하여 영생에 들어가는 것을 다시 기억하게 하여 주시고, 고인의 모범적인 신앙의 본을 다시 되새기게 하여 주시고, 온 가정에 복과 위로를 주시옵소서. 예수님의 이름으로 기도합니다. 아멘.

또 내가 새 하늘과 새 땅을 보니, 처음 하늘과 처음 땅이 없어졌고 바다도 다시 있지 않더라. 또 내가 보매 거룩한 성 새 예루살렘이 하나님께로부터 하늘에서 내려오니 그 예비한 것이 신부가 남편을 위하여 단장한 것 같더라. 내가 들으니 보좌에서 큰 음성이 나서 가로되 "보라, 하나님의 장막이 사람들과 함께 있으매 하나님이 저희와 함께 거하시리니 저희는 하나님의 백성이 되고, 하나님은 친히 저희와 함께 계셔서 모든 눈물을 그 눈에서 씻기시매 다시 사망이 없고 애통하는 것이나 곡하는 것이나 아픈 것이 다시 있지 아니하리니, 처음 것들이 다 지나갔음이러라." 보좌에 앉으신 이가 가라사대 "보라, 내가 만물을 새롭게 하노라." 하시고 또 가라사대 "이 말은 신실하고 참되니 기록하라." 하시고 또 내게 말씀하시되 "이루었도다. 나는 알파와 오메가요, 처음과 나중이라. 내가 생명수 샘물로 목마른 자에게 값없이 주리니, 이기는 자는 이것들을 유업으로 얻으리라." 나는 저의 하나님이 되고 그는 내 아들이 되리라(계 21:1-7).

설교 ···················· 유업을 얻으신 분 ···················· 집례자
약력 또는 기념사 ··· 맡은이

(장례식 때 읽은 약력을 다시 읽어 기념하거나 혹은 녹음을 들으면서 고인의 특성 있는 과거의 일을 회상케 하는 것도 좋을 것이다.)

찬송 ················· 고인이 애창하던 찬송 ····················· 다같이
축도 (주기도) ·· 다같이

※ 목사님이 집례하지 않을 때는 축도를 주기도로 대체한다.
◆ 추모예식은 친지들이 모여서 그의 과거를 추모할 수 있고, 또 가정에서 가족들이 부모의 과거를 돌아보기 위하여 할 수도 있으나, 반드시 추모예식을 해야 되는 것은 아니다. 집례자가 잘 참고하여 할 것이다.

1) 설교-유업을 얻으신 분(계 21:1-7)

예수 믿고 구원 받은 성도가 가는 곳은 하나님 나라입니다. 고인은 하나님 나라를 유업으로 받으셨습니다.

본문에 보면 "또 내가 새 하늘과 새 땅을 보니 처음 하늘과 처음 땅이 없어졌고 바다도 다시 있지 않더라"(계 21:1)고 했습니다. 하나님께서 새 하늘과 새 땅을 주셨기 때문입니다.

하나님의 나라를 유업으로 얻으신 분은 복이 있습니다.

계 22:1절에 보면 "또 저가 수정 같이 맑은 생명수의 강을 내게

보이니 하나님과 및 어린 양의 보좌로부터 나서 길 가운데로 흐르더라"고 했습니다. 신천신지의 특징은 다음과 같습니다.

  1. 생명수 강이 있습니다(계 22:1-2).

  생명수 강이란 영생과 하나님의 은혜의 선물을 상징하고, 강 좌우편에 생명나무가 있는데 상으로 주는 나무를 의미합니다.

  2. 다시는 저주와 밤이 없다(계 22:3-5).

  저주는 버림받음과 잘못됨이요 밤은 죄악과 환난과 고통을 의미하는데 그런 것이 없는 천국을 유업으로 받으셨습니다.

  3. 하나님과 어린 양의 보좌가 있다(계 22:3).

  보좌는 하나님의 주권이요 순종할 때 기쁨을 주십니다.

  그의 얼굴을 보게 되고 하나님의 이름이 성도들의 이마에 기록되며 그의 종들이 하나님을 섬기는 곳에서 살고 있습니다. 이런 놀라운 축복의 나라를 유업으로 받으셨습니다.

3.4 추모회 예배순서(3)

개식사 ·· 사회자

지금부터 OOO 씨의 OO 주기 추모회 예배를 정숙한 마음으로
시작하겠습니다.

묵도 ··· 다같이
성시 ································ 계 14:13 ························· 사회자
기도 ··· 사회자
신앙고백 ··· 다같이
찬송 ···························· 231, 534장 ························· 다같이
기도 ··· 맡은이
성경 ························· 살전 4:13-18 ······················· 맡은이
말씀 ···················· 추도 추모의 의미 ··················· 맡은이

* 추도(追悼)는 죽은 이를 생각하며 슬퍼한다는 뜻이요, 추모(追
募)는 죽은 이를 사모한다는 뜻이다.

● 추도는 지극한 효성의 슬픔
창 50:10절에 요셉이 부친을 위하여 7일간 애곡하고 부친의 몸에
향 재료를 넣었는데 40일이나 걸렸다. 애굽인들은 슬퍼하는데 70
일이나 슬퍼하였다.

● 유족들이 알아야 할 것

(1) 내 부모가 세상을 떠난 것은 하나님 아버지의 집에 가신 것을 기억할 것(요 14:1-3).

(2) 내 부모가 죽은 것이 아니라 자는 것을 기억할 것. 왜 잔다고 합니까?

① 군대가 기상나팔에 일어남과 같이

② 북망산 일우에 죽은 자들이 주님의 나팔소리에 다 일어남으로 밤에 자던 사람이 아침에 상쾌한 정신으로 일어남과 같이 죽은 자가 부활 때에는 상쾌한 정신과 신령한 몸으로 부활할 것이다.

(3) 고인(故人)의 생활에서 추모할 점

① 경천애인의 생활의 본을 추모할 것

② 성별생활의 본

③ 빈궁처럼 결백한 생활(삼상 12:1-5)

④ 부모의 영적 산고를 본받을 것(갈 4:19)

⑤ 부모의 신앙을 본받을 것(고전 12:1-2)

⑥ 부모님의 자녀교육 성공에 노력을 잊지 말 것

⑦ 교회봉사 생활을 본받을 것(딤후 4:7-8)

고인의 약력보고 ……………………………………………다같이

추모사 …………………………………………………… 맡은이

고인의 육성청취 ……………………………………………다같이

광고 ……………………………………………………… 맡은이

찬송 ………………… 293, 292장 ………………… 다같이

축도 (주기도) ·· 다같이

1) 설교-하나님의 위로(고후 1:3-9)

괴로운 인생길을 가는 자들에게 절실히 요구되는 것은 위로입니다. 가족이나 친구나 교우들의 위로가 없지 아니하나 그것은 영구불변의 참된 위로가 되지 못합니다. 슬픔 당한 자와 환난 당한 자의 위로는 오직 하나님 아버지를 통해서만 얻게 됩니다.

본문 3절로 7절까지 다섯절 속에 위로란 말이 열 번이나 기록되어 있습니다. 그러므로 교역자들이 위로하는 말을 하고자 할 때에는 이 말씀을 찾아봅니다.

3절 하반절에 있는 위로란 말은 위로의 근원은 하나님께 있는 것이요 4절에 위로란 말씀은 우리가 하나님의 위로를 받아가지고 그 위로로써 환난 당한 사람을 위로하라는 말씀이요, 5절에는 위로가 마음에 충만하고 다시 넘쳐 나가서 위로를 하는 사람이나 위로를 받는 사람이나 다 위로의 역사를 하게 된다는 말씀인데 오늘 고인의 유족들과 이 자리에 참석한 모든 분들이 하나님의 주시는 위로를 받고 고인의 유족들에게 위로가 넘치는 시간이 되었으면 더 바랄 것이 없겠습니다.

1. 슬픔 당한 자는 위로의 근원되신 하나님만 바라볼 것(시 42:2-5)

5절에 "내 영혼아 네가 어찌하여 낙망하며 어찌하여 내 속에서 불안하여 하는고 너는 하나님을 바라라 그 얼굴의 도우심을 인하여

내가 오히려 찬송하리로다"라고 하였습니다. 환난과 슬픔 많은 인간에게는 위로가 필요한데 위로의 근원은 하나님의 자비입니다. 그리고 위로의 길은 예수뿐입니다.

마태복음 5:4에 "애통하는 자는 복이 있나니 저희가 위로를 받을 것임이요."라고 하였으니 슬퍼하는 자가 위로를 받게됩니다. 이 말씀은 죄를 회개하는 애통하는 자를 하나님은 위로하신다는 것입니다. 오늘 추모일을 당해 고인이 살아계실 때 효도하지 못한 것을 회개 자복 반성하면서 흘리는 눈물을 하나님은 위로할 것입니다.

2. 슬픔 당한 자를 하나님은 사랑으로 위로하여 주십니다.

위로라는 말의 뜻은

① 어루만져 주신다는 뜻이요,

② 아픔이나 고통을 없이하여 주신다는 뜻입니다.

③ 안전하고 평안하게 하여 주신다는 뜻입니다.

④ 성도들은 환난과 슬픔을 통하여 하나님이 어루만져 주시는 손길을 체험할 수 있고

⑤ 슬픔을 당할 때 하나님이 우리를 안전하고 평안하게 하여 주시는 은혜를 체험하게 됩니다.

⑥ 하나님은 성도들의 슬픔 당한 자를 위로할 때에 지팡이와 막대기를 가지고 안위하십니다(시 23:4하).

목자가 양을 칠 때에 양이 곁길로 갈 때에 지팡이로 바른 길로

인도하며 양이 구렁텅이에 빠질 때에는 지팡이와 막대기로 건져내는 것입니다. 양이 불순종할 때에는 막대기로 양을 때리는 것이요 사나운 사자나 맹수가 침범하면 막대기로 쫓아 주십니다. 하나님은 여러 가지 방법으로 슬픔 당한 자들을 위로하십니다.

3. 먼저 하나님께 위로 받은 자가 위로 받을 자를 위로할 것입니다.

본문 4절에 "우리의 모든 환난 중에서 우리를 위로하사 우리로 하여금 하나님께 받은 위로로써 모든 환난 중에 있는 자들을 능히 위로하게 하시는 이시로다"라고 하였습니다. 로마서 1:12에 바울은 하나님께로부터 받은 위로로써 로마 신자들을 위로하고 로마 신자들도 하나님께 받은 위로로써 바울을 위로하는 것이 서로 위로하는 것이라고 하였습니다.

우리는 모두 약한 자요 슬픔에 잠긴 자입니다. 그러므로 하나님의 위로를 받고 서로 위로하는 자가 되어야 되겠습니다. 부모는 자식을, 자식은 부모를, 선생은 제자를, 형은 동생을, 목사는 교인들을, 교인은 목사를 위로하는 것이 서로 위로하는 것입니다. 슬픔 당한 이들을 우리는 다 위로합시다.

○○○ 고인은 세상을 떠나 가셨으나 형제자매가 서로 자주 찾아다니며 살 때 피차 안위가 될 것입니다. 여러분! 과거에는 그렇지 못하였을지라도 이제부터 하나님 아버지의 위로 중에서 서로 위로하면서 화목하게 살아가기를 바라는 바입니다.

3.5 추도예배(4)

● 가까운 친척들과 돌아가신 부모님의 친구분들에게 기념예배가 있음을 알릴 것.

● 돌아가신 이의 유훈이나 행적이나 또 부모님이 평소의 생활에서 자손들과 친척들에게 전할 만한 것을 잘 생각했다가 이야기하도록 할 것.

● 약력을 간단히 준비할 것.

● 부모님 사진을 준비할 것.

● 부모님께서 남기신 유물 중에 소개할만한 것이 있으면 준비해 둘 것.

● 부모님을 기념하는 뜻에서 하나님께 헌금할 수 있으면 더욱 좋을 것이니 준비케 할 것.

● 부모님 생전에 좋아 하시던 음식을 약간 준비했다가 식이 끝난 후에 나누도록 하거나 기념될 간단한 물품을 드리도록 하는 것도 좋음.

개식사 ·· 사회자

이제부터 고 ○○○ 씨의 추도식을 거행하려고 하오니 고인을 추모하는 마음으로 정숙히 이 시간을 지내시기를 바랍니다.

묵도 ··· 다같이

주악에 이어 다음 성경을 낭독할 것

(계 21:1-8)

또 내가 새 하늘과 새 땅을 보니 처음 하늘과 처음 땅이 없어졌고, 바다도 다시 있지 않더라. 또 내가 보매 거룩한 성 새 예루살렘이 하나님께로부터 하늘에서 내려오니 그 예비한 것이 신부가 남편을 위하여 단장한 것 같더라. 내가 들으니 보좌에서 큰 음성이 나서 가로되 보라 하나님의 장막이 사람들과 함께 있으매 하나님이 저희와 함께 거하시리니 저희는 하나님의 백성이 되고 하나님은 친히 저희와 함께 계셔서 모든 눈물을 그 눈에서 씻기시매 다시 사망이 없고 애통하는 것이나 곡하는 것이나 아픈 것이 다시 있지 아니 하리니 처음 것들이 다 지나갔음이러라. 보좌에 앉으신 이가 가라사대 보라 내가 만물을 새롭게 하노라 하시고 또 가라사대 이 말은 진실하고 참되니 기록하라 하시고 또 내게 말씀하시되 이루었도다. 나는 알파와 오메가요 처음과 나중이라 내가 생명수 샘물로 목마른 자에게 값없이 주리니 이기는 자는 이것들을 유업으로 얻으리라. 나는 저희 하나님이 되고 그는 내 아들이 되리라. 그러나 두려워하는 자들과 믿지 아니하는 자들과 흉악한 자들과 살인자들과 행음자들과 술객들과 우상 숭배자들과 모든 거짓말 하는 자들은 불과 유황으로 타는 못에 참예하리니 이것이 둘째 사망이라.

찬송 ·························497 장························· 다같이

기도(대표로 기도할 이가 없으면 생략해도 됨) ··············· 맡은이

성경봉독 ·· 맡은이

(요 14:1-4)

너희는 마음에 근심하지 말라. 하나님을 믿으니 또 나를 믿으라. 내 아버지 집에 거할 곳이 많도다. 그렇지 않으면 너희에게 일렀으리라. 내가 너희를 위하여 처소를 예비하러 가노니 가서 너희를 위하여 처소를 예비하면 내가 다시 와서 너희를 내게로 영접하여 나 있는 곳에 너희도 있게 하리라. 내가 어디로 가는지 그 길을 너희가 아느니라.

설교 ···················· 영원히 사는 나라 ···················· 설교자

기도 ·· 맡은이

저희들의 영을 주관하시는 하나님! 저희가 주님을 믿고 경외하는 가운데 오직 그의 사명을 다 한 주님의 종으로 인하여 주님의 거룩한 이름을 찬양하고 경배하나이다. 주여 비옵기는 저희들이 그를 본보기로 삼고 그의 우정에 힘을 얻어 빛 가운데서 주님의 종의 신앙을 이어 받는 자들이 되게 하옵소서. 또한 저희들을 빛과 사랑 가운데로 이끌어 주옵시고 주님을 믿는 자들과 함께 저희들의 사명을 깨닫게 하시어 언제나 주님의 거룩한 뜻을 이루려고 힘쓰게 하옵소서. 땅 위의 모든

교회와 하늘의 모든 교회가 함께 땅끝까지 주님의 모든 영광을
드러내게 하옵시기를 우리 주 예수 그리스도의 이름으로 기도
하옵나이다. 아멘.

약력보고 ·· 맡은이
추도사(형편에 따라서) ··· 맡은이
추도가 ··· 맡은이
광고 ·· 맡은이
축도 (주기도) ··· 다같이

1) 설교-영원히 사는 나라(요 14:1-4)

세상 사람들은 사람이 죽으면 사망했다고 합니다. 기독교에서는
소천했다고 표현합니다. 즉 하나님 나라에 부름 받아 갔다는
말입니다. 몇 년 전 세상을 떠나신 ○○○ 씨께서는 영원히 사는
나라 하늘나라에 계십니다.

1. 아버지 집에는 거할 곳이 많다고 했습니다.

우리 주님이 세상을 떠나시기 전에 약속하신 말씀이 너희가 있을
처소를 예비하러 간다고 했습니다. 성도가 죽으면 주 안에서 주님이
재림하실 때까지 잠을 자는 것입니다.

"예수께서 가라사대 나는 부활이요 생명이니 나를 믿는 자는
죽어도 살겠고 무릇 살아서 나를 믿는 자는 영원히 죽지 아니

하리라"고 했습니다.

주님이 재림하실 때 잠에서 깨어나듯 무덤에서 부활하사 영원히 살게 될 것입니다.

영원히 사는 나라는 거할 곳이 많습니다.

2. 고인은 신앙의 덕을 세우심으로 하나님께 영광을 돌렸습니다.

일생을 사시면서 신앙의 덕을 세우셨습니다.

믿음의 본을 보이시고 기도의 본을 보여 주었으며 봉사의 덕을 세우셨습니다. 그리하여 하나님께 영광을 돌리셨습니다. 후손들도 고인의 신앙의 덕을 본받아 하나님께 영광을 돌리시기 바랍니다.

3. 영원히 사는 나라에서 상급 받으실 것입니다.

상 받는 일은 기쁜 일이요 자랑스러운 일이며 명예로운 일입니다. "죽도록 충성하라 그리하면 생명의 면류관을 네게 주리라"(계 2:10)고 하셨는데 고인은 생전에 맡은 일에 충성하셨으매 생명의 면류관을 받으셨을 것입니다.

2) 설교-추모의 미음(살전 4:13-18)

평소에 존경하던 고인께서 주의 부르심을 받아 하늘나라에 가신지 벌써 ○년이 되어 추모의 예배를 드리게 되었습니다.

1. 그는 무엇을 하다 가셨습니까?

그분은 평생을 믿음으로 사셨고 의로운 일만 하시다가 가셨습니다. 교회를 위하여 수고하셨고 가정과 국가를 위해서도 귀한 일을 많이 하고 가셨습니다. 참으로 훌륭한 분이었습니다.

2. 그는 지금 어디에 계십니까?

그분은 하나님의 부르심으로 하늘나라에 가셨습니다. 기쁨과 즐거움만이 있는 그곳에 가셔서 우리 위해 기도하고 계십니다.

3. 우리는 어떻게 살 것입니까?

먼저 가신 분과 같이 믿음으로 살고 고인이 남기신 유훈 받들어 의롭게 살아서 주 앞에 서는 날 귀한 상급과 칭찬을 들을 수 있도록 건실하게 삽시다.

3.6 부모님 추모예배(부모기일)

묵도 ··· 다같이

아래 순서는 형편을 따라 변경해도 좋다.

찬송 ···················· 500장···························· 다같이
기도 ··· 맡은이

인생의 생사화복을 맡아 주관하시며 영생하시는 여호와 하나님! 낮고 천한 저희들을 위하여 이 시간에도 자비를 베푸시는 주님께서 저희들에게 위로를 주시고 소망을 주시며 굳은 믿음을 주시옵소서.

그리고 이 자리를 거룩하게 하사 주님이 함께 하시고 주님의 성전을 삼으시며 우리 각 사람의 마음속에 성령이 임하여 주시기를 간절히 바라옵나이다.

오늘은 주님께서 만세 전부터 택하시고 믿음을 주시사 구원의 은총을 입게 하시고 주의 나라의 권속으로 삼아 주신 ○○○씨를 주의 나라로 불러가신 날이므로 이를 기념하기 위하여 우리가 이곳에 모였사오니 우리를 불쌍히 여기시고 또한 무엇이든지 하나님 앞에 부족하였던 모든 것을 용서하여 주시옵기를 간절히 바라옵나이다.

지금 주의 말씀을 의지하여 구속을 얻는 믿음을 가진 우리들이

땅을 내려다보며 슬퍼할 것이 아니라 하나님의 영광을 능히 쳐다보고 새로운 소망을 얻게 하여 주시기를 간절히 원하옵나이다.

저희들이 하나님 앞에서 뿐만 아니라 육신의 부모님께도 잘못한 것이 많았던 것을 심히 통회하오니 원하옵건대 저희들이 먼저 회개하여 용서함을 받게 하옵시고 자손만대에 큰 복을 누리게 하옵소서. 저희들이 겸손히 주앞에 머리를 숙이오니 이 시간을 친히 맡아 주장하시고 새로운 은혜를 베풀어 주시옵소서 우리 주 예수 그리스도의 이름으로 기도하옵나이다. 아멘.

성경봉독 ························· 출 20:12 ························· 맡은이
설교 ···················· 부모를 공경하라 ···················· 설교자

기념추도(부모님의 행적이나 유훈을 말한다.)

묵상기도 (1분간)··다같이
찬송 ························· 496장 ·································다같이
주기도문 ·· 다같이

다함께 주기도문 후에 축도를 해도 좋다.

1) 설교-부모를 공경하라 (에베소서 6:1-4, 출애굽기 20:12)

〈설날을 위한 추모예배의 설교〉

설날은 부모의 은공을 감사하는 날이기도 합니다. 옛날 풍습으로는 죽은 부모에게는 다례를 지내고 산 부모에게는 세배를 하는 날입니다.

십계명 중 제 1계명으로부터 제 4계명은 하나님께 대한 계명이요, 제 5계명으로부터 제 10계명은 인간에 대한 계명인데, 부모는 지상에서 하나님을 대신함으로 첫 비석, 곧 하나님께 대한 계명에 "부모를 공경하라"고 새겼습니다. 이로써 부모를 공경하는 것이 얼마나 중대한지 알 수 있습니다.

유교는 효친(孝親)을 근본으로 삼았고 기독교는 경신(敬神)을 근본으로 삼은 종교인데, 효도를 하나님 공경하는 것과 같이 가르친 것은 효도를 더욱 철저히 가르치기 위함입니다.

현대인에게 잘못이 있다면 첫째는 조상에 대한 무관심이요, 둘째는 산 부모에 대해 효도하려는 생각이 부족한 것입니다.

1. 부모 공경은 하나님의 명령입니다.

명령이란 해도 되고 안해도 되는 것이 아니라 꼭 해야 되는 것입니다.

바울은 "효(孝)를 행하여 부모에게 보답하기를 배우게 하라"(딤전 5:4), "부모를 주 안에서 순종하라"(엡 6:1)고 하였습니다.

아브라함은 아버지 데라를 잘 봉양하였고 그것을 본받은 이삭은 아브라함에게 순종하는 아들이 되었습니다.

그러면, 부모에게 어떻게 하는 것이 효도입니까? 자녀가 부모의 교훈을 지키는 것이 효도입니다. "내 아들아 네 아비의 훈계를 들으며 네 어미의 법을 떠나지 말라"(잠 1:8).

부모를 훼방하지 않는 것이 효도입니다. 부모의 육신을 봉양하는 것보다 마음을 평안하게 해 드리는 것이 효도의 첫째라고 합니다. 구약시대에는 "그 아비나 어미를 저주하는 자는 반드시 죽이라"(출 21:17)고 하였습니다.

부모의 신앙을 계승하는 것이 효도입니다. 디모데는 외조모와 어머니의 신앙을 계승하였으니 우리 가족들도 먼저 가신 조상들의 신앙을 계승해야 합니다. 그러므로 우리들은 신앙의 조상들의 자손이 된 것을 하나님께 감사하는 동시에 신앙의 조상에게 부끄럽지 않게 살아야 합니다.

2. 효도하면 복을 받습니다.

"네 아버지와 어머니를 공경하라. 이것이 약속 있는 첫 계명이니 이는 네가 잘되고 땅에서 장수하리라"(엡 6:2-3).

자기의 행복과 부귀와 장수를 위해 부모를 공경한다면 욕심꾸러기가 잘된다는 뜻이 되기 쉽습니다. 그러나 인간에게는 잘되고자 하는 욕심이 있습니다.

하나님이 인간을 창조할 때 효도하는 사람은 잘 되고 장수하며, 그 자손이 번성하도록 인간을 창조하셨습니다.

그 반면에 불효자는 벌을 받게 되었습니다. 자기 아비나 어미를

치는 자는 반드시 죽이라(출 21:14)고 하였습니다.

불효했던 엘리의 아들들이나 아버지 다윗을 거역한 압살롬은 다 같이 벌을 받았습니다. 불효는 무서운 죄악입니다.

3. 예수는 효도의 모범자입니다.

예수는 가정에서 30년 간 아버지를 도와 목수 일을 했고 어머니께 봉사하신 효자입니다. 18세부터 계산하면 예수는 12년 간 부지런히 노동하며 부모를 봉양했으니 효도의 모범자입니다.

예수는 효친(孝親)의 교훈을 많이 하시는 중에 바리새 교인들의 부모 공경의 잘못된 생각을 시정하셨습니다. 그 당시 바리새인들은 부모에게 드려 유익한 것을 고르반 곧 하나님께 드림이 되었다면서 부모에게 드리지 않는 것은 잘못이라고 지적했습니다(막 7:10-13).

예수는 부자 청년에게 네 부모를 공경하라는 계명을 상기시켜 주었으니 예수는 하나님을 섬기듯 부모를 공경할 것을 가르쳐 주신 것입니다.

예수는 부모공경을 실천하셨으니 가나 혼인 잔치에서 어머니의 부탁으로 물로 포도주를 만들었고, 십자가상에서 제자 요한에게 어머니 봉양을 부탁하셨습니다.

부모를 공경하고 순종하는 것은 윤리적 의무이기보다 신앙적 의무요 종교적 책임입니다. 왜냐하면 부모 공경을 하나님께 대한 계명인 첫 돌 비석에 새겼고 주 안에서 순종하라고 가르치기 때문입니다.

3.7 가족 추모예배 – 부모기일(忌日) 및 명절날 추모예배 순서

개식가 ··· 사회자

지금부터 OOO 씨 및 아버님, 어머님의 OO 주기 및 명절을 맞이하여 추모회 예배를 시작하겠습니다.

묵도 ·· 다같이
신앙고백 ·· 다같이
찬송 ········ 232장(세상 떠난 분이 즐겨 부르던 찬송이 좋음) ········맡은이
기도 ·······························(가족 중)··························· 다같이

인생의 생사화복을 주관하시는 하나님 아버지, 우리가 육신의 아버님(혹 어머님)을 O년 전에 잃고 예수 그리스도의 은혜와 성령의 인도하심으로 슬픔과 절망 속에서도 믿음과 희망을 가지고 힘 있게 살게 해 주심을 감사하옵나이다.

오늘은 세월이 빨라서 아버님 및 어머님의 영혼을 하나님께서 하나님 나라로 불러 가신 OO주기 그날이 되어서 우리 자식들이 모여서 부모님을 추억하면서 하나님께 예배하나이다.

하나님 아버지시여! 우리가 아버지나 어머님의 유지(遺志)를 헤아리지 못하여 그 뜻을 펴지 못한 우리의 부족을 자복하오니 용서하여 주옵소서. 자비하신 하나님 아버지, 여기 모인 우리들을

죄악에 빠지지 않게 하여 주시고 하나님 아버지의 뜻을 이 땅에서 널리 펴며 하나님을 영화롭게 하는 삶을 살게하여 주옵소서. 예수님의 이름으로 기도하옵니다.(아멘)

성경 ············· 다윗의 유언(왕상 2:1-4) ·········· 온 식구가 교독
설교 ·························· 다윗의 유언 ························· 맡은이
찬송 ··························293장·························· 다같이
주기도 ·· 다같이

1) 설교-다윗의 유언(왕상 2:1-4)

유언이란 부모가 세상을 떠나시기 전에 자녀들에게 마지막으로 남기는 고귀하신 말씀이요 삶의 지표와 행동명령입니다. 다윗은 아들 솔로몬에게 다음과 같은 유언의 말씀을 남겨 주었습니다.

1. 세상 모든 사람의 가는 길로 간다고 했습니다.

아버지께서 모든 사람에게 공도인 죽음의 길을 가게 되었다고 했습니다. 죽음의 길은 남녀노소, 빈부귀천을 막론하고 가는 길입니다. 하나님의 마음에 합했던 다윗도 세상 모든 사람들이 가는 길을 가게 되었습니다.

2. 너는 힘써 대장부가 되라고 했습니다.

대장부는 남자다운 사람이요 씩씩하고 용감한 사람이며 정의를

위해서는 목숨을 바칠 수 있는 사람입니다. "힘써"라는 말은 비열하거나 나태하지 말고 어떤 환경에서든지 담대하게 대장부다운 기개와 용모를 가지라는 말입니다.

3. 어디로 가든지 형통하고 왕통이 끊어지지 않는 복을 받으리라고 했습니다.

믿음으로 살고 대장부답게 걸어갈 때 어디로 가든지 형통하게 되고 이스라엘 왕위에 오를 사람이 자손 중에서 끊어지지 않는 복을 받게 됩니다.

3.8 설날 추모예배

설날은 새해의 첫 머리인 세수(歲首) 즉 정월 초하룻날이다. 본래는 음력 정월 초하루를 설이라 하였으나 지금은 양력 정월 초하루를 설이라고 한다.

설이란 본디는 〈섦다〉는 뜻에서 온 것으로 한 해가 바뀌어 새해의 첫날에 1년 동안에 아무 탈 없이 무사태평하게 지낼 수 있도록 이 날은 특히 근신한다는 것이다. 고서(古書)에는 설을 신일(愼日)이라고 하였는데 모든 일을 근신하여 거동을 함부로 하지 않는 관습이 있었기 때문이다.

설날에는 우선 자손들이 모여 조상에게 다례(茶禮)를 지내고 어른에게 세배를 드리며 또 이날에는 자손들이 조상의 산소에 성묘를 하는 풍습도 있었다. 인생을 나그네라고 비유한다면 새해는 하나의 고개라고 할 수 있다. 인생길을 가다가 고개와 같은 새해 첫날을 당해 잠시 지나온 옛 일을 돌아보고 새로운 앞날에 대한 어떤 희망을 가지면서 인생길을 다시 가다듬게 된다. 그래서 설날에는 조상에게 다례와 웃어른에게 세배 드리는 민속이 전해오고 있다. 일본에는 송죽매(松竹梅)와 새끼줄로 문 앞을 장식했다. 송(松) 즉 소나무는 절조(節操), 죽(竹) 즉 대나무는 정직(正直), 매(梅) 즉 매화나무는 인내(忍耐)를 상징하고 새끼줄을 띠우는 것은 악을 막는 의미라고 한다.

설날에 교회에서는 신년 축하 예배를 드리며 일반인들도 신년 축하 모임으로 새해의 건강과 축하의 인사를 교환한다.

크리스천 가정에서는 설날 아침에 온 가족과 일가친척들이 함께 모여 조상들의 행적과 교훈을 되새기는 추모예배를 드림으로 가족 공동체의 유대를 강화해야 한다.

설날 모임은 가족들의 새해 축하 모임의 성격이 되어야 한다.

3.9 설날 예배순서

개회식 ·· 다같이

새해 첫날을 맞아 온 가족이 한 자리에 모여 조상들의 은공을
기리며 하나님 앞에서 축하 예배를 드리십시다.

찬송 ······························ 296장, 248장 ························· 다같이
기도 ·· 맡은이

새 일을 이룩하시는 거룩하신 하나님, 지난 한 해도 우리
가족들의 아픔까지 동참해 주시고 또 다시 설날을 맞이하게
하여 주심을 감사하나이다.
새해가 시작되는 지금에도 앞뒤로 불안과 좌절이 엄습해오고
있습니다. 그러나 이 한 가운데서 당신의 음성을 듣고 위로를
느끼는 가족들이 되게 하여 주옵소서.
우리의 생활 속에 조상들의 교훈과 정신을 기억하게 하시며 그
생활을 본받는 자손들이 되게 하옵소서.
당신의 권능이 우리에게 임하사 위기의 시대 속에서는 우리로
승리자 되게 하옵소서.
우리가 어떠한 계곡을 지나든지 우리의 영혼 속에는 늘 맑은
샘물이 솟아나게 하옵소서. 우리가 결단을 내려야 할 때에는
주께서 인도하시며 강하게 역사하시옵소서.

우리를 도우사 무한한 용기와 깊은 신뢰감으로써 미래를 맞이할 수 있게 하옵소서.

아버지시여,

우리 가족들로 좋은 기회가 있을 때는 지혜를 주옵시고 실패의 순간에도 용기를 주시옵소서.

언제나 당신이 우리 가족 생활의 인도자가 되시며 우리는 그 도구임을 잊지 않게 하옵소서.

당신의 뜻을 따라 우리 가족에게 부과되는 모든 짐을 서슴없이 감당할 수 있도록 도와주시옵소서.

금년 한 해가 모험을 통한 승리의 해, 행동을 통한 성취의 해가 되게 하옵소서.

우리 가족이 죄악의 길로 접어들 때에 성령이 바른 길로 인도하옵소서. 예수 그리스도의 이름으로 기도드립니다. 아멘.

성경봉독 ····················· 고린도후서 5:17-21 ················· 다같이
기도(설교는 생략할 수 있다.) ····························· 맡은이
성서교독(찬송가 뒤 교독문 67을 가족이 교독할 것) ·········· 다같이
찬송(가족들이 즐겨 부르는 찬송) ························· 다같이
축도 (주기도) ··· 다같이

설날 예배는 가장이나 가족 중 한 사람이 주장하고 예배가 끝난 후에는 둘러 앉아 사랑의 애찬을 나누고 친교하면서 조상들의

교훈이나 추억담을 하는 것이 좋다.

히브리 민족은 유월절에는 가족들이 모여 가족 중에 "이 절기가 무슨 뜻입니까?"하고 물으면 가장이 그 뜻을 설명해 주었다고 한다.

1) 설교-새해의 새사람(고린도후서 5:17-21)

묵은 해가 지나고 설날 아침을 맞이하면 기분도 새롭고 마음도 새롭고 결심도 새로워집니다. 그래서 새해에는 새사람이 된 기분입니다.

새사람이란 육체적 의미의 새사람은 아닙니다. 오랫동안 병상에서 신음하던 환자가 건강이 회복되면 새사람이 되었다고 인사합니다. 그러나 속사람이 새로워지지 않고 몸만 건강하다면 그것은 도리어 그 사람에게 복이 될 수 없듯이 새해의 새사람이란 마음과 생활이 새로워지기를 바라는 것입니다.

1. 자신을 바로 알아야 합니다.

역사의 거센 격랑이 밀어닥치고 변혁의 회오리바람이 부는 속에서 한 해를 살고 희망의 새 아침을 맞았습니다.

우리는 매일 살아야 합니다. 그러나 산다는 것 자체에 큰 의미가 있는 것이 아니라 자신을 바로 아는 것이 중요합니다.

인생의 많은 실패와 불행이 자기 자신을 모르고 제 분수에 맞지 않는 행동이나 처신을 하는 데서부터 생깁니다.

시인은 시를 쓰고 학자는 책을 가까이 하고 농부는 농토를 떠나지 않아야 성공합니다. 그러나 시인이 돈을 벌려고 하고 학자가 정치나 권력에 가까이 하고 농부가 장사에 끌리다가는 결국 실패의 고배를 마실 수밖에 없습니다.

세례 요한이 "도끼가 나무뿌리에 놓였으니 좋은 열매 맺지 아니하는 나무마다 찍어 불에 던지우리라"고 경고한 것은 자신을 알라는 말입니다.

새해를 맞이하여 우리 가족들은 각자 자신이 어떤 사람이며 어떤 뿌리(조상)에 근거를 둔 사람인가를 반성해야 합니다.

2. 마음 밭을 새롭게 합시다.

오늘 우리들의 마음 밭은 몹시 거칠고 어지러워져 있습니다. 독버섯과 벌레가 수두룩하고 잡초가 우거진 황폐한 마음 밭이 되어 있습니다.

몸의 목욕도 중요하지만 마음의 목욕, 영혼의 목욕이 더 중요하고 필요합니다. 새해를 맞이하여 우리의 마음을 씻고 정신을 깨끗이 하고 영혼을 새롭게 해야 하겠습니다.

우리 조상들은 비교적 마음이 깨끗이 살았는데 오늘 우리들의 마음은 물질과 권력과 명예욕에 오염되어 있습니다. 더러운 옷이나 몸을 맑은 물과 비누로 세탁하고 닦아내듯 더러운 마음을 예수 그리스도의 피로 깨끗이 세탁하여 새사람이 되어야 합니다.

3.10 설날 추모예배 요약설교

1) 설교-날로 새롭게(고린도후서 4:16-18)

세상의 것은 모두가 변합니다. 자연 만물도, 인공으로 빚어 놓은 예술 작품들도, 인간 자체 즉 인간의 몸의 세포도 세월이 흘러감에 따라 변하기 마련입니다. 거대한 우주의 변형이 우리에게 새로운 삶의 의미를 부여해 주는 날을 맞았습니다. 자연의 섭리 속에서 하나님의 크신 뜻과 섭리를 깨닫는 계기가 되기 바랍니다.

(1) 우리의 겉 사람은 날로 후패함을 깨달아야 합니다.

(2) 그러나 우리의 속은 날로 새로워져야 합니다. - 영(신앙인격)의 성장, 새로워짐을 의미

(3) 보이는 것은 잠깐임을 알아야 합니다(잠시 받는 환난은 경한 것) - 보이는 것은 세상의 것

(4) 보이지 않는 것은 영원합니다(지극히 크고 영원한 영광의 것) - 보이지 않는 것은 하늘나라의 것.

(5) 우리의 소망은 하늘에 있음을 깨달아야 합니다. - 하늘에 소망을 둔 자는 말씀 순종을 위해서 어떠한 고통과 환난이라도 참고 견디는 삶을 살아갈 것입니다.

2) 설교-새사람을 입으라 (골로새서 3:1-11)

본문은 우리에게 '너희가 그리스도와 함께 살리심을 받았으면'

어떻게 해야 할 것을 말씀해 줍니다. 따라서 그리스도와 함께 살리심을 받지 않은 자는 이 말씀이 아무 상관이 없게 됩니다.

우리의 생명이신 그리스도께서 나타나실 그 때에 그와 함께 영광 중에 나타나는 자들이 될 수 있기를 바라며 이 말씀을 상고해 보기로 합시다.

(1) 땅에 있는 지체를 죽이라(5-8절) - 음란, 부정, 사욕, 악한 정욕, 탐심(=우상 숭배), 분, 악의, 훼방, 입의 부끄러운 말, 거짓말 등

(2) 새 사람을 입으라 - 하나님의 형상을 이루라.

(3) 위엣 것을 찾으라 - 산 소망을 가져라.

3) 설교-복된 출발을 합시다 (창세기 12:1-9)

믿음의 조상 아브라함은 복의 근원이 되었습니다. 그가 복의 근원이 될 수 있었던 이유가 무엇이었습니까? 오늘 본문을 살펴보니, 그 원인을 알 수 있겠습니다. 오늘 새로운 한 해의 첫 발을 내 딛는 이 시간, 하나님의 명령과 아브라함의 순종을 통해서 복된 자리로 발돋움 할 수 있는 믿음의 도리를 배웁시다.

(1) 하나님의 명령

① 너의 본토, 친척, 아비 집을 떠나라(1절) - 옛 환경, 습관, 인정, 풍습 등을 떠나라.

② 내가 네게 지시할 땅으로 가라(1절) - 가나안 땅, 하나님이 축복해 주시는 곳.

(2) 아브라함의 순종

3.11 추모예배

※ 가족들과 교우들을 한 자리에 모으고 주례자가 진행한다.

개식사 ··· 주례자

오늘은 고 OOO 형제(자매, 장로, 권사, 집사)의 기일이므로
이제부터 그의 추도식을 거행하겠습니다.

묵도 ··· 다같이
찬송 ·····················500장··················· 다같이
기도 ··· 맡은이

살아계셔서 인간의 생사화복을 주관하시는 하나님! 오늘 고
OOO 형제(자매)를 주의 나라로 불러가신 날이므로 기념하기
위해 이곳에 모였습니다. 유족들을 긍휼히 여기사 주님의 위로와
평강으로 함께 하시기를 비옵니다. 자비하신 하나님, 우리가
하나님 앞과 사람들에게 부족했던 허물과 또 부모님에게도
잘못한 것을 회개하오니 용서하시고 더욱 굳센 믿음과 은혜의
복을 내려 주시옵소서. 저희들로 하여금 이 날을 맞아 아랫것만
바라보고 슬퍼하지 않게 하시고 심령의 눈을 밝히사 하늘의
영광을 쳐다보며 영원한 소망을 가지게 하옵소서. 모든 절차를
주님께서 맡아 인도하사 영광이 되게 하옵시고 저희들에게

새로운 은혜와 축복이 되게 하여 주옵소서. 예수 그리스도의
이름으로 기도 하옵나이다. 아멘.

성경봉독 ························ 잠 3:1-10 ························ 다같이
설교 ·············· 나의 법을 잊어버리지 말라 ·············· 설교자
찬송 ····························488장···························· 다같이

약력 소개(별세한 분의 약력, 행적, 유훈, 성품, 인상 깊었던 일
등을 가족이나 친척 또는 친지 중에서 말하게 한다.)

찬송 ······················ 496장······················ 다같이
기도

거룩하신 하나님 아버지! 내세의 영원한 소망을 우리에게 주심을
감사드립니다. 이 영원한 세계를 바라보며 항상 소망 중에
즐거워 하며 고난을 극복해 나아갈 수 있는 믿음을 저희들에게
주시옵소서. 이 가정 위에 신령한 주의 복을 내려 주시사 대대
손손이 하나님의 영원한 기업을 누리는 후사들이 되게 하여
주시옵소서. 예수 그리스도의 이름으로 기도하옵나이다. 아멘.

축도 (주기도) ······································· 다같이

1) 나의 법을 잊어버리지 말라(잠 3:1-10)

세상을 사는 동안 가정에서는 가훈이 있고 학교에서는 교훈이 있고 회사에서는 사훈이 있습니다.

평소에 부모들이 자녀들에게 명심하고 살아야 할 교훈들을 말씀하여 주신 것이 있습니다. 그 교훈을 잊지 않고 잘 지키고 법대로 살아야 합니다.

솔로몬은 그 자녀들에게 하나님의 법을 잊지 말고 법대로 살아가라고 했습니다.

하나님의 법대로 사는 자에게 주시는 하나님의 복이 있습니다.

1. 장수의 복을 주사 많은 해를 누리게 하신다(2).

하나님의 진리의 법대로 사는 자는 장수의 복을 주십니다.

많은 해를 누려 건강하게 하시고 마음의 평안을 주시며 생활환경을 아름답게 하여 주십니다.

2. 인자와 진리로 떠나지 않게 하신다(3).

하나님의 법대로 사는 자는 하나님의 사랑을 받고 진리 가운데서 살게 됩니다.

사랑받는 일은 좋은 일이며 영광이 되는 일입니다.

대통령이나 상사의 사랑과 총애를 받는 것도 좋은 일인데 하나님의 사랑을 받는 것은 더 큰 영광입니다.

3. 은총과 귀중히 여김을 받는 복이 있습니다(4).

하나님의 법을 따라 살게 될 때 의롭게 살게되므로 하나님과 사람에게 은총과 귀중히 여김을 받게 됩니다. 이는 참으로 놀라운 축복입니다.

3.12 설 가정예배

개식사 ·· 맡은이

설 명절을 맞아 하나님께 감사의 예배를 드리겠습니다.

신앙고백 ·················· 사도신경 ···························· 다같이
찬송 ···························· 301장··························· 다같이
기도 ··· 맡은이

사랑의 하나님, 우리 가정을 은혜로 이끌어 주시고 기쁘고
즐거운 마음으로 설 명절 예배를 통하여 주님께 영광을 돌리게
하심을 감사드립니다. 지난 한 해 동안을 생각해 보니 하나님의
은혜가 아니었던 것이 단 한 가지도 없었음을 깨닫게 됩니다.
2022년 한 해도 주님의 교훈을 따라 주님을 섬기며 행복한
가정으로 영적으로 풍성한 열매를 맞는 생활을 하게 하옵소서.
예수님의 이름으로 기도합니다. 아멘.

성경봉독 ···················· 시 112:1-6 ·················· 맡은이
설교 ···················· "복을 이어가는 가정" ················· 맡은이

하나님께서 새해를 허락하시고 민족의 명절인 설을 맞아 우리
가족이 한 자리에 모여 예배할 수 있도록 인도해 주셨습니다.

우리 가족들 위에 하나님의 평강이 함께 하시고, 하나님이 주시는 복을 이웃들에게 나누는 삶이 되기를 바랍니다. 특별히 오늘 말씀을 통하여 하나님의 복을 받은 가정은 어떤 가정인지, 그리고 하나님께 복을 받은 가정은 또한 어떻게 살아가야 하는지 생각해 보겠습니다.

1) 먼저 복된 가정은 하나님을 경외하고 말씀을 즐거워합니다.

사람들은 누구나 복받는 삶을 살고 싶어 합니다. 그래서 새해가 되면 "새해 복 많이 받으세요!" 라고 인사를 나눕니다. 어른들도 덕담을 나누면서 자손들이 복 받기를 빌어줍니다. 그런데 구체적으로 그 복이 무엇인지, 그리고 어떻게 살아야 복된 삶이 되는지를 알려주는 사람은 많지 않습니다. 성경은 하나님을 경외하며, 하나님의 계명을 즐거워하는 사람이 복이 있다고 말씀하십니다. 하나님께서 만복의 근원이시기 때문에 모든 복은 다 하나님으로부터 나옵니다. 가장 중요한 복은 예수 그리스도를 믿는 믿음의 복입니다. 그리고 하나님은 하나님을 경외하고 섬기며 또 하나님의 말씀을 즐거워하는 가정에게 풍성한 복을 베풀어 주십니다.

2) 복된 가정은 복을 나누어 줍니다.

가장 중요한 복은 예수 그리스도를 믿는 믿음의 복입니다. 예수 그리스도가 십자가에 죽으시고 부활하심으로 우리는 구원의 복을 받았습니다. 그런데 하나님께서 우리에게 주시는 복은 우리 자신만을 위해서 사용해서는 안됩니다. 하나님은 우리를 통하여 다른 사람들이 더불어 복을 누리게 되기를 원하십니다. 그래서 복된 가정은 먼저 받은 구원과 믿음의 복을 나누어 줍니다. 부모에게서 자녀들에게로 복을 이어가는 가정이 됩니다. 이웃에게도 자비와 긍휼을 베풀고 은혜를 끼침으로, 어두운 세상을 밝히 비춰주는 빛처럼 살아가게 됩니다.

3) 복된 가정은 더 큰 복을 이어갑니다.

하나님을 경외함으로 복을 받고, 또 그 복을 나누어주는 가정은 영원히 흔들리지 않습니다. 하나님을 경외하는 가정의 모든 상황을 하나님께서 친히 책임져 주시기 때문에 어떤 세상의 풍파가 몰아친다 하더라도 평강을 누릴 수가 있게 됩니다. 또한 받은 복을 나누는 가정은 영원히 기억될 것입니다. 사람들이 입에서 입으로 칭찬의 말을 이어가면서 그 가정을 기억할 것입니다. 하나님도 그 가정이 이웃에게 베푸는 모든 선행과 나눔을 낱낱이 기억하실 것입니다. 결국 하나님의 복을 받는 가정은 그 복을 나누어 주면서 더 큰 복을 이어가는 가정이 됩니다.

새해 우리 가정이 하나님을 경외함으로 섬기고, 하나님의 말씀을 가까이 하며, 하나님께 깊이 기도함으로 복을 받아누리는 가정이 되기를 바랍니다. 또한 받은 복을 이웃에게 나누어 주면서 대를 이어 복을 이어가는 가정이 되기를 소망합니다.

찬송 ·······························559장 ···························· 다같이

주기도 ··· 다같이

※ 설(구정) 감사예배 지침

정월 초하루인 설은 '원단'(元旦), '세수'(歲首), '연수'(年首)라고도 부르며, 한자로는 '신일'(愼日)이라고 쓰기도 하는데 "근신하여 경거망동을 삼간다." 라는 뜻이다. 묵은 1년은 지나가고 설날을 기점으로 새로운 1년이 시작되는데, 1년의 운수는 그 첫날에 달려 있다고 생각했던 탓이다. 설날 아침에는 일찍 일어나서 세수를 하고 미리 마련해 둔 새 옷으로 갈아입는데, 이 새 옷을 설빔이라고 한다. 아침에는 가족 및 친척들이 모여들어 조상의 은덕에 감사를 드리고, 어른들께 순서를 따져 세배를 드린 후에 떡국(歲饌)을 먹는다. 아이들에게는 세뱃돈을 주며 덕담을 나누고, 가족간의 우애를 돈독히 한다.

〈지침〉

1) 가족들이 다같이 한자리에 둘러앉는다.

2) 가족공동체의 유대를 강화할 수 있는 분위기를 만든다.

3) 가족 가운데 어른이 예배를 인도하거나 말씀을 전하되, 서로 순서를 나누어서 참여하는 것도 좋다.

3.13 추석 추모예배

개식사 ··· 사회자

오늘 우리는 돌아가신 OOO님을 추모하며 한 자리에 모였습니다.
이 시간 신령과 진리로 살아계신 하나님께 예배드리겠습니다.

묵도························· 시편 23편 ························· 다같이
찬송 ·························301장························· 다같이
신앙고백 ·····················사도신경····················· 다같이
기도 ··· 가족중
성경 ·····················이사야 40 : 9~11····················· 가족중
설교 ·················보라 너희의 하나님을························ 설교자
찬송 ·························338장························· 다같이
주기도 ··· 다같이
추모하는 이야기··· 다같이

고인의 육성이 담긴 테이프나 유품을 통해 고인에 관한 추억을
나눈다.

1) 설교-보라 너희의 하나님을(사40:9~11)

세상 살아가는 것이 늘 풍성하고 넉넉하다면 얼마나 좋을까요?

하지만 그렇지 않은 것이 우리의 현실입니다. 오늘 본문은 삶의 희망을 상실한 채 주저앉아 있는 이스라엘을 향한 하나님의 소망의 메시지입니다. 하나님은 택하신 백성 이스라엘을 향하여 "보라 너희의 하나님을" 이라고 말씀하고 있습니다(9절).

첫째, 강한 자로 임하실 하나님(10절a): 예수님께서 이 세상에 오실 때 너무나 연약한 아기의 모습이었습니다. 강보에 쌓여 말 구유에 뉘일 만큼 초라하기 그지없었습니다. 마치 연한 순과 길고 마른 땅에서 나온 뿌리 같아서 고운 모양도 풍채도 없었습니다. 결국 종교 지도자들의 시기심의 희생양이 되어 십자가에서 죽고 말았습니다. 그러나 다시 오실 예수님은 큰 나팔 소리와 함께 천군 천사들과 더불어 강한 자로 오실 것입니다. 더 나아가 이 세상을 강한 팔로 통치하시고 마침내 세상 만물을 그 발 아래 무릎 꿇게 하실 것입니다.

둘째, 상급과 보상을 주실 하나님(10절b): 믿음으로 산다 할지라도 나의 환경과 형편이 지금보다 더 어려워질 때가 있습니다. 이때 우리는 자신감을 상실한 채 피해의식과 낙심에 빠지기 쉽습니다. 무엇보다도 하나님께서 그 동안 베풀어 주신 구원의 은혜와 행하신 능력을 망각한 채 원망과 불평에 빠질 수도 있습니다. 그러나 믿음으로 산다는 것은 하나님이 지금도 살아 계신 것과 자기를 찾은 자에게 반드시 상 주시는 분이심을 믿는 것입니다. 이사야는 이스라엘을 향하여 반드시 상급과 보상을 주실 하나님을 바라보고 말씀하고 있습니다.

셋째, 양 떼를 품어 안아주실 하나님(11절): 목자 없는 양은 유리하며 방황합니다. 참된 지도자가 없는 이스라엘은 절망과 좌절 속에 멸망을 향해 곤두박질치고 있었습니다. 하지만 하나님은 그 택하신 백성들을 목자 없는 양처럼 결코 버려두지 않으십니다. 비록 죄악으로 인하여 사망의 음침한 골짜기를 지난다 할지라도 목자 되신 하나님은 그들을 찾아오실 것입니다. 그리고 그의 양 떼를 먹이시고 어린 양을 그 팔로 모아 품에 안아주실 것입니다. 이사야 선지자는 이스라엘을 향하여 목자 되신 하나님을 바라볼 것을 권면하고 있습니다.

오늘 본문에는 "보라"라는 단어가 세 번 나옵니다. 절망과 좌절 속에서 탄식하며 멸망해 가는 조국을 바라보지 말고, 소망 없는 미래와 비참한 자신의 형편을 바라보지 말고, 눈을 들어 소망의 하나님을 바라보라는 말씀입니다. 즐거운 명절을 맞았지만 우리 곁을 떠난 이를 생각할 때 우리의 마음은 이별의 슬픔과 헤어짐의 아쉬움이 있습니다. 살아생전에 좀 더 사랑하지 못하고 효도하지 못한 것이 가슴 아플 뿐입니다.

그러나 이 시간 주님은 우리에게 "보라! 너희의 하나님" 이라고 말씀하십니다. 이 시간 고인은 우리가 상상할 수 없는 지고의 복락 속에서 목자 되신 하나님의 품에 안겨 영원한 안식을 누리고 있습니다. 그러므로 우리도 장차 강한 자로 임하실 하나님, 상급과 보상을 주실 하나님, 양 떼를 품어 안아주실 하나님을 바라보면서 감사함이 넘치는 추석 명절이 되길 소망합니다.

3.14 추석 가정예배

시작의 말 ·· 인도자

오곡이 무르익게 하시고 맑은 가을 하늘을 주신 하님의 크신
은혜를 생각하며 감사예배를 드리도록 하겠습니다.

찬송가 ·· 다같이

넓은 들에 익은 곡식 찬송가 589 장을 부르겠습니다.

넓은 들에 익은 곡식 (589 장)

1. 넓은 들에 익은 곡식 황금 물결 뒤치며 어디든지 태양 빛에
향기 진동하도다

2. 추수할 것 많은 때에 일꾼 매우 적으니 열심 있는 일꾼들을
주여 보내 주소서

3. 먼동 틀 때 일어나서 일찍 들에 나아가 황혼 때가 되기까지
추수하게 하소서

4. 거둬들인 모든 알곡 천국 창고 들인 후 주가 베풀 잔치 자리
우리 참여 하겠네

후렴 : 무르익은 저 곡식은 낫을 기다리는데 때가 지나가기 전에
어서 추수합시다(아멘)

기도 ··· 맡은이

성경봉독 ················· 신명기 16장 13-15 ············· 인도자

신명기 16장 13-15절을 읽겠습니다.

"너희가 타작 마당과 포도주 틀에서 난 것을 거둬들인 뒤 7 일
동안 장막절을 지키라 장막절을 기뻐하되 너와 네 아들 딸들과
네 남종들과 네 여종들과 네 성 안에 사는 레위 사람들과 이방
사람들과 고아들과 과부들과 함께 기뻐하라
7일 동안 여호와께서 선택하신 곳에서 너희 하나님 여호와께서
네 모든 수확물과 네 손으로 하는 모든 일에 복을 주셔서 네
기쁨이 온전해질 것이다"

말씀 ····················· 하나님께 감사하자 ····················· 인도자

중보의 시간 ··· 다같이

기도제목 듣고, 함께 기도합시다.

축복의 시간 ··········"너는 시냇가에 심은 나무라 "·········· 다같이

찬양을 부르면서 한 사람씩 축복해주세요
너는 시냇가에 심은 나무라
1. 너는 시냇가에 심은 나무라 하나님의 사랑 안에

믿음 뿌리 내리고 주의 뜻대로 주의 뜻대로 항상 사세요.

2. 주의 시절을 좇아 구원 열매 맺으면 주의 영화로운 빛

너를 보호하리니 주의 뜻대로 주의 뜻대로 항상 살리라

마무리 ·· 다같이

다같이 주기도문으로

1) 설교-하나님께 감사하자(신16장 13-15)

이스라엘 백성이 민족적 전통으로 하나님께 드렸던 것처럼 우리에게는 오곡백과가 무르익는 추석을 통해 그 의미를 찾아보려고 합니다. 먼저 천지를 만드시고 사계절을 주시고 섭리하시는 하나님께 감사합니다.

자연을 통해서 우리가 그 안에서 살며 풍성함을 경험하게 하신 하나님께 감사해야 합니다.

두 번째는 때를 따라 주시는 은혜에 감사합니다. 하나님께서는 이스라엘 백성에게 만나와 메추라기와 의식주를 허락하셨던 것처럼 우리에게도 때를 따라 돕는 은혜로 함께 하신 하나님께 감사해야 합니다.

세 번째는 우리에게 주어진 모든 것에 감사하며 영적인 결실도 할 수 있도록 간구와 기도를 아끼지 않는 저와 우리 모두가 되어야 할 것입니다.

감사의 시작은 그분의 하나님 되심을 기억하는 것이며 우리의

삶에 온전한 예배가 시작되는 것입니다. 우리의 삶의 주인이신 하나님께 감사를 올려 드립니다.

〈요한일서 4:7-9〉
사랑하는 자들아 우리가 서로 사랑하자
사랑은 하나님께 속한 것이니 사랑하는 자마다 하나님으로부터
나서 하나님을 알고 사랑하지 아니하는 자는 하나님을 알지
못하나니 이는 하나님은 사랑이심이라
하나님의 사랑이 우리에게 이렇게 나타난 바 되었으니
하나님이 자기의 독생자를 세상에 보내심은
그로 말미암아 우리를 살리려 하심이라

3.15 추석감사예배

〈가정예배지침〉

1. 제사는 죽은 영혼에게 드리는 것이요, 추도 예배는 고인을 추모하며 유일하신 참 하나님께 드리는 것입니다. 그러므로 성도의 본분을 지켜 제사상에 절하는 것을 삼가야 할 것입니다.

2. 감사예배의 경우 가족들이 둘러 앉아 예배를 드립니다. 추도 예배의 경우 고인의 사진을 상 위에 세워 놓고 그 앞에 고인이 쓰던 성경, 찬송가 또는 유품을 펼쳐 놓은 뒤 주변을 꽃으로 장식합니다. 향이나 촛불을 켜지 않으며, 지방을 쓰거나 음식 상을 차려 놓지 않습니다.

3. 미리 찬송가를 틀어 놓아 기도 가운데 경건하게 예배를 준비합니다.

4. 예배 후 함께 식사를 나눈 뒤 풍성한 상품과 함께 가족별 장기 자랑을 하거나 소외되고 어려운 이웃들을 찾아가 작은 사랑을 실천한다면 어느 때보다도 의미 있는 명절이 될 것입니다.

신앙고백 ························· 사도신경 ························· 다같이
찬송 ····························· 589장····························· 다같이

경찬 67장(날 구원하신 주 감사)

기도 ··		가족중
성경 ···························· 신명기 26 : 5~11 ··················		가족중
설교 ······················평화 하나님의 평강이····················		설교자
기도제목 나누기···		다같이

돌아가면서 올해의 감사제목을 나눈다.

증보기도 ···		다같이
찬송 ·······························435장····························		다같이
주기도 ···		다같이

1) 평화 하나님의 평강이

　사람이 죽음 앞에 서면 마지막으로 마음속에 간직했던 말을 남기고 싶어 합니다. 죽음을 앞둔 모세 역시 마찬가지였습니다. 젖과 꿀이 흐르는 가나안 땅을 목전에 두고 모세는 이스라엘 백성이 하나님께서 주신 복에 취해 악한 이방문화에 물들지 않을까 염려하였습니다.

　그래서 그는 이스라엘 백성들이 선민으로서의 정체성을 잃지 않도록 마지막 설교를 하고 있습니다.

1. 하나님의 구원을 기억하라(5~9절).

　과거 이스라엘의 조상들은 유리하는 아람사람이었습니다. 아브라함, 이삭, 야곱 모두 갈 바를 알지 못한 채 나그네 생활을 하였습니다. 결국 기근을 피해 이집트로 내려왔을 때 그들은 고작해야 70명 뿐이었습니다.

그런데 하나님은 아브라함과 약속한 대로 그 후손들을 하늘의 허다한 별과 해변의 무수한 모래와 같이 크고 강하고 번성한 민족이 되게 하셨습니다. 더욱이 가혹한 노예 생활에 시달리던 그들의 울부짖음을 들으시고 강한 손과 쭉 벋은 팔로 저들을 이집트에서 구원해 내셨습니다. 그리고 마침내 젖과 꿀이 흐르는 땅으로 인도해 주셨습니다.

2. 첫 열매를 하나님께 드리라(10절).

모세는 이스라엘 백성이 가나안 땅에 들어가 추수하게 되면 소산의 첫 열매를 먼저 하나님께 예물로 드리라고 당부하였습니다. 모세는 이스라엘 백성이 가나안 땅의 새로운 농경문화에 적응하면서 가나안 사람들의 악한 풍습에 물들지 않을까 염려하였습니다.

가나안사람들은 추수 때마다 그들의 우상에게 풍요와 다산을 기원하며 음란한 축제를 벌였습니다. 이스라엘 백성은 저들의 문화에 무방비 상태로 노출되어 있었습니다. 이에 모세는 해마다 밀과 보리를 거둘 추수 때가 되면 첫 열매를 갖고 제사장에게 나아와 하나님께 경배할 것을 부탁하였습니다.

3. 소외된 이웃들을 돌아보라(11절).

당시 고아와 과부와 나그네는 사회적 약자들이었습니다. 또한 성막에서 제사를 돕는 레위 사람들은 추수 때에 거둘 소산이 없었습니다. 그러므로 그들에게 축제 기간은 누구보다 더욱 쓸쓸하고 외로운 시간이었습니다.

이 때문에 모세는 축제 기간에 공동체가 가난하고 소외된 그들을 돌아보고 축제에 초청하여 함께 먹고 마시며 함께 즐거워 할 것을 당부하였습니다. 하나님 앞에 참된 경건은 고아와 과부를 그 환란 중에 돌아보고 자신을 돌아보아 세속에 물들지 않는 것입니다.

하나님은 가난하고 운명적인 우리 민족에게 복을 주시고, 거룩한 백성 제사장 나라로 삼아 주셨습니다. 하지만 오늘날 우리 그리스도인들은 하나님이 주신 물질적 복에 취해 하나님의 구원의 은혜를 망각한 채 점점 세상의 가치관을 좇아 자신의 욕심만을 따라 살아가는 것 같습니다.

하나님은 이 시간 우리가 선민으로서의 정체성을 잃지 않고 복음에 합당한 삶을 살기를 원하십니다. 추석은 하나님의 구원의 은혜를 기억하고 소외된 이웃들에게 사랑을 베푸는 절기입니다.

그러므로 지난 1년 동안 풍성한 은혜를 베풀어 주신 하나님께 감사의 예배를 드릴 뿐 아니라 우리 주변에 가난한 자, 병든 자, 고통받는 자, 나그네와 이방인을 돕고 섬기는 귀하고 복된 시간이 되길 소망합니다. 아멘!

3

장례예식

1. 장례예식의 안내

1.1 장례예식의 의의

장례예식은 임종 시부터 입관, 발인, 하관예식까지를 가리키는 말이다. 모든 예식이 그러하듯이 장례예식 또한 각 나라마다 다르며 때마다 변천이 있었으며 또 종교에 따라 그 의식에 많은 차이가 있다고 한다. 역사적으로 기독교의 장례예식은 다음과 같은 세 가지 의미를 주로 내포하고 있는데 교회의 죽은 사람에 대한 보살핌, 교회의 부활에 대한 신앙, 그리고 구원에 참여할 육체에 대한 경의의 구현이었다고 할 수 있다. 그러나 교회의 역사적 발전과 그 교회가 한 문화적 상황의 변천에 따라 어느 요소가 강조되기도 했고, 거기에 부가적인 요소들이 보태지기도 하였다고 하였다.

기독교에 있어서 장례예식은, 교회가 슬픔을 당하고 있는 성도에게 위로와 지도를 주기 위해 마련하는 예식인 것이다. 그러므로 효과적인 예식절차는 유가족들에게 그들이 슬픔을 당하고 있는 동안에 일을 도울 수 있으며, 인간의 전 존재와 미래생활을 위한 목적을 발견하도록 도울 수 있는 것이다.

장례예식의 근본적인 목적은 삶의 의미를 깨닫게 하고, 슬픔을 당

하고 있는 성도들이 그들의 생각에 대한 하나님의 요구하심에 순응하도록 격려하는 것이다

장례예식은 가까운 사람을 잃어버림으로 고통을 당하고 있는 이에 대해 교회가 관심을 보이는 행위다.

장례예식은 또한 고인(故人)에 대한 적절한 추도(追悼)이기도 하며 기독교는 삶에서 인간의 존엄성을 생각할 뿐 아니라 죽음에서도 인간의 존엄성을 생각하는 것이기 때문이다.

따라서 장례예식에서의 목사의 위치는, 장례예식으로 근본적인 의의 의미를 깨닫게 하고, 슬픔을 당한 가정에 하나님의 요구하심에 순종할 수 있도록 위로해 주며, 장례예식을 통한 교인 상호간의 친교에 협력할 수 있도록 하여야 하는 것이다.

1.2 장례예식의 종류

장례예식에는 임종예배, 입관예배, 발인예배, 하관예배의 4가지 중요한 예식이 있으며, 부득이하여 화장을 할 경우에 드리는 화장예배도 있다. 그 중 입관예배, 발인예배, 하관예배는 매우 중요하다. 우리가 일반적으로 장례식이라고 부르는 것은 주로 발인예배를 말한다.

장례식이라 할 수는 없지만 상례(喪禮)에 속하는 것으로 추도식 추도예배 및 이장(移葬)을 들 수 있다. 추도식은 부득이한 사정으로 고인의 시신 앞에서 장례예식을 행할 수 없는 경우 장례예식 대신으로

치르는 예식이고, 추도예배는 시신을 장사한 1년 후 유가족이 기일(忌日)을 맞아 고인을 추모하여 드리는 예배를 말한다. 이장은 OO에 매장으로 모신 유해를 부득이한 사정으로 다른 장소로 옮겨 다시 모시는 것을 가리킨다.

1.3 장례예식에 관련된 목사의 지침서

목사는 다음과 같은 사항을 습득하고 기독교 교리에 어긋나지 않는 범위 내에서 장례절차를 준수하고 유가족의 위로와 교인 간의 친교에 힘쓰며 장례예식에 관련된 예배를 엄숙하게 인도하여야 한다.

(1) 섬기시는 교회의 성도가 운명하였다는 소식을 듣는 즉시 그곳 병원이든지 가정이든지간에 목사는 곧 그 가족들에게 가야 한다. 함축성 있는 간략한 위로의 말로 삼가 애도의 뜻을 표하고 성경을 읽고 짧고 절실한 기도를 드려야 한다. 장례예식 집례의 청을 받게 되면 정중한 태도로 수락하고 장례예식 계획을 세우도록 상의할 시간을 약속해야 한다.

(2) 목사는 약속된 시간에 장례예식 계획을 위해서 상가(喪家)로 간다. 장례관련사항과 일시(日時)는 유가족들과 목사가 상의해서 결정해야 한다. 목사는 교회의 규례나 기독교 교리에 배치되지 않는 한 유가족들의 요청을 존중하며 그 지방의 관습이나 전통을 참작해 줄 줄 알아야 한다.

(3) 장례예식의 근본적인 목적은 정상적인 방법으로 슬픔을 당하고 있는 유가족들을 돕는 데 있다. 목사는 유가족들의 감정을 흥분시켜서는 결코 안된다. 그러므로 그들의 감정을 정상적으로 표현할 수 있도록 격려해야 한다.

(4) 장례예식은 사람들이 삶의 실제(reality)에 직면하는 것처럼 죽음의 실제에 직면하도록 인도해야 한다.

(5) 장례예식에서 교회는 목사를 통해서 기독교 신앙에 대한 교회의 증언을 나타낼 기회를 가진다. 기독교의 위대한 진리, 특히 부활의 능력과 기독교인의 위탁(Christian Commitment)의 의미를 설명해야만 한다. 불신자가 있는 가정에서는 보다 적극적인 전도의 사명에 임해야만 한다.

(6) 보통으로 간단한 장례예식 묵도(默禱)가 적절한 것이다. 묵도의 목적은 진리를 긍정하기 위해서, 유가족을 후원하며 위로하기 위해서, 미래 생활을 위한 도전에 대비하기 위한 것으로 설명되어야 한다. 목사는 고인의 허물과 죄를 비난하거나 강조해서는 안 된다. 하나님의 진리의 말씀을 유효적절하게 해석해야 한다.

(7) 시신(屍身)을 보여 주는 것은 죽음과 이별과 상실의 실제를 받아들이는 것을 뜻깊게 할 수 있다. 이것은 장례예식 전에 행해져야 한다. 보통은 입관예배 전에 마지막으로 고인의 모습을 보도록 한다. 입관식 예배 때에 관(棺)은 뚜껑을 닫아야 하는데 그 이유는 생존자와 고인은 이제 구별된 신분임을 알려주기 위한 것이다.

(8) 고인의 약력을 장례예식 순서에 넣는 것은 무방하나 지나친 찬사는 피하는 것이 좋다. 고인의 약력을 꼭 소개해야 할 필요는 없다.

소개하지 않는 것이 더 좋을 때도 있다.

(9) 장례예식은 교회가 유가족들을 돌보는 목회적 관심의 마지막이 아니다. 목사와 교인들은 자주 그리고 필요한 만큼 오랫동안 후원하고 지도하기 위해서 그 유가족을 방문해야 한다. 유가족들에게는 당분간은 더 참기 어려운 고비가 닥칠 수도 있는 것이다. 슬픔과 실의에 빠졌을 때 목사에 의해 받는 위로와 도움은 매우 크기 때문이다.

(10) 교회와 교회내의 각 단체에서는 유가족들을 위한 기도와 봉사로써 그들을 격려해야 하며 생활에 적응하도록 도와주어야 하고 뜻 깊은 유대를 맺도록 도와주어야 한다.

2. 임종예식

2.1 임종예식의 지침

1. 죽음의 준비

돌발적인 사고나 급환으로 죽는 것은 할 수 없지만 환자가 죽음을 예상했거나 죽음을 알리는 것이 좋겠다고 판단될 때는 죽음을 맞을 준비를 하게 한다.

(1) 신앙적 준비 : 부활신앙과 내세관을 통해 죽음을 긍정적으로 받아들이게 하고, 죽음에 대한 공포를 극복하게 한다. 마지막 순간을 회개와 기도로써 보냄이 바람직하고, 그 영혼을 하나님 품에 위탁하도록 도와야 한다.

(2) 가족의 준비 : 유서를 작성하거나 유언을 녹음해 둔다.

(3) 장례를 위한 준비 : 장례사 교섭, 장지 확보, 수의, 사진 등을 준비한다.

2. 임종

사람의 호흡이 정지되는 것을 운명이라고 하고, 한 사람의 운명을 지켜보는 것을 임종이라 한다. 불의의 사고나 급병에 의한 죽음이 아닌 때라면 가족들이 모여 임종하는 것이 좋다. 소속교회의 목회자가 함께 하면 더욱 좋다. 임종 전, 본인이 애창하던 찬송이나 원하는 성구를 봉독하는 것이 좋다.

3. 시신의 처리(가정에서 처리할 경우)

(1) 집례자는 준비물들을 확인한다(솜, 백지, 붕대, 나무판자-고정판, 홑이불, 병풍, 고인의 사진, 상, 향로, 향, 촛대, 초, 꽃병, 조화, 녹음기 등).

(2) 시신이 빨리 부패하지 않도록 방의 온도와 습도를 맞춰야 하며, 소독과 위생에 유의한다.

(3) 적당한 높이의 베개로 머리를 바로 잡는다.

(4) 솜이나 백지로 턱밑을 고여 입이 열리지 않게 하고, 흐트러진 머리를 손질한다.

(5) 귀, 코, 입 등을 솜이나 백지로 막는다.

(6) 시신이 굳기 전에 팔, 다리의 관절들을 가볍게 주물러 편다.

(7) 백지나 붕대로 무릎과 두 발을 함께 당겨 매고, 팔과 두 손을 모아 배 위에 얹어 놓고 흘러내리지 않도록 백지나 붕대로 묶는다.

(8) 시신을 나무판자 위에 얹는다.

(9) 홑이불이나 흰 천으로 시신을 머리까지 덮는다.

(10) 성구나 성화가 있는 병풍으로 시신을 가린다.

(11) 병풍 앞에 작은 상을 놓고, 그 위에 고인의 사진, 꽃, 촛대, 그리고 향로를 놓는다.

(12) 고인이 즐겨 듣던 것들을 위주로 찬송이 들리도록 준비한다.

4. 임종 후 절차

(1) 시신 처리가 끝나면, 가족들은 검소한 옷으로 갈아입고, 근신한다. 흔히 근조(謹弔)라고 쓰인 등으로 상가 입구에 달아 놓거나, 상중(喪中) 또는 기중(忌中)이라고 쓰인 종이를 붙여 초상을 알린다. 가족들은 우선 주민센터에 가서 사망신고를 하고, 매장 또는 화장 허가를 받는다. 이때 사망진단서나 두 사람 이상의 증인의 서명 날인이 필요하다. 또한 가족은 목회자와 장례절차(입관식, 장례식, 하관식 등)에 대해 논의한다.

(2) 상제, 주상, 주례, 호상을 선정한다. 상제는 고인의 자녀들, 주상은 상제를 대표하는 사람을 지칭하며 대개 맏아들이 맡게 된다. 주례는 상제의 의사에 따르지만, 대개 고인이 섬긴 교회의 목사가 맡는다. 호상은 교인이나 친척 중에서 선정하며, 주례의 지시에 따라 상사 일체를 총괄한다.

5. 부고

장례일과 장지가 결정되면 곧 부고를 보낸다. 부고는 친척과 친지들에게 개별적으로 보내기도 하고, 신문지상의 부고를 이를 대신하기도 한다.

〈보기〉

"ooo께서 하나님의 부르심을 입었습니다."

oo교회의 성도 ooo 장로께서 oooo년 oo월 oo일 oo시 하나님의 부르심을 입어 주님 앞으로 가셨습니다.

장례식장 – oo 교회 및 상가

발인예배 – oo년 oo월 oo일(o요일) 오전 oo시

주례 – ooo 목사

상제 – ooo,　　ooo

호상 – ooo

장지 – oo 묘지

oooo년 oo월 oo일

호상 ooo

귀하

2.2 임종 전 예식 순서(1)

예식사 ·· 집례자

우리는 지금 하나님의 부르심 앞에 있는 ○○○ 씨의 임종예배를 드리겠습니다.

찬송 ·········· "내 주를 가까이 하게 함은"(338장) ·········· 다같이
신앙고백 ·························· 사도신경 ························· 다같이
찬송 ························ 290, 364장 ························· 다같이
성경봉독 ···················· 눅 23:46 ···················· 다같이
권면과 위로 ················· "영혼의 위탁" ························· 집례자

인간은 누구나 이 세상에서 살다가 죽게 되어 있습니다. 문제는 마지막 임종 시 어떤 태도로 죽음을 맞이하느냐가 문제입니다. 예수님께서 마지막 임종 시 "아버지여, 내 영혼을 부탁하나이다." 라고 하셨습니다.

죽음은 사랑하는 하나님의 품속에 안기는 것입니다. 인간은 하나님께로부터 왔다가 다시 그에게로 돌아가는 것입니다. 하나님은 우리 인간을 극진히 사랑하시는 분입니다. 이제 사랑하는 주님 품으로 돌아가는 것입니다.

죽음은 영원한 나라로 가는 관문입니다. 그러므로 죽음 저편에 있는 하늘나라를 바라보는 소망을 가져야 합니다. 요단 강 건너

약속의 땅 가나안이 있듯이 죽음의 강 요단을 건너면 영원한 안식의 나라가 있습니다.

하나님께서 내 영혼을 영접해 주실 것을 믿고, 그에게 위탁해야 생명의 주관자이신 하나님, 나는 부활이요 생명이니 나를 믿는 자는 죽어도 살겠고, 살아서 믿는 자는 영원히 죽지 아니하리라는 주님의 말씀을 의지합니다.

이 시간, 주님의 자녀, ○○○ 씨(성도, 직분명)의 임종이 영생의 시작이 되게 하시고, 하나님의 영원하신 품 안에 들어가는 복된 순간이 되게 하소서. 성령님의 인도하심으로 삶의 고통을 벗어나 하나님 품에서 평안을 누리는 영광된 길을 가게 하소서. 예수 그리스도의 부활을 통해 영생을 얻은 우리 모두는 다시 하나님 나라에서 기쁨으로 서로 만날 것을 믿습니다. 고난의 죽음과 부활을 통해 영생을 허락하신 예수 그리스도의 이름으로 기도 드립니다. 아멘.

찬송 ················ "내 영혼이 은총 입어"(438장) ·············· 다같이
축도 ·· 목사

2.3 임종 예배순서(1)

운명은 사람이 명을 거두는 것 즉 사람의 호흡이 정지되는 것을 말하며 임종은 부모가 돌아가실 때 그 자리에 같이 있는 것 즉 한 사람의 운명을 지켜보는 것을 말합니다.

묵도 ························ 시편 23편 ························ 다같이
신앙고백 ···················· 사도신경 ···················· 다같이
찬송 ························ 290, 364장 ···················· 다같이
성경 ························ 고후 5:8~9 ···················· 다같이

"우리가 담대하여 원하는 바는 차라리 몸을 떠나 주와 함께 거하는 그것이라 그런즉 우리는 거하든지 떠나든지 주를 기쁘시게 하는 자 되기를 힘쓰노라"

설교 ···················· 본향의 삶 ···························· 설교자

① 성도는 주와 함께 거하는 삶을 원합니다.
② 본향의 삶은 영원한 안식과 영원한 행복의 생활이 시작됩니다.
③ 스데반처럼 하늘나라의 영광의 집을 바라보며 천사의 얼굴로 운명하였습니다.

기도 ·· 설교자

찬송 ·········· 434장 ·········· 다같이
축도 ····················· 설교자

1) 설교-죽어도 사는 생명(요 11:25-26)

슬픔을 당하여 얼마나 괴로우시겠습니까? 베다니에 찾아가신 우리 주님이 이 상가에 찾아오셔서 위로의 말씀, 생명의 말씀을 주시리라 믿고 위로와 축복이 넘치기를 바랍니다.

1. 죽어도 사는 생명은 영원한 생명입니다.

인간의 생명은 죽는 것 같으나 죽지 않고 영생하는 것입니다. 누가복음 16:19-31에서 부자의 생명을 말해주고 있습니다. 지옥불 속에서 영원히 헤어날 수 없는 중에서 절규하는 그 생명은 영원하기 때문에 더욱 고통스러운 것입니다. 그러나 나사로는 아브라함의 품에 있었습니다. 이는 천국에서의 구원된 생명을 말합니다.

예수 그리스도를 믿고 죽은 생명은 천국에서 영원한 생명을 가지는 것이요 믿지 않는 자는 지옥에서 영원한 생명을 가지는 것입니다.

2. 죽어도 사는 생명은 예수 안에서의 생명입니다.

지옥에서의 영원한 생명은 살았으나 죽은 생명인 것입니다. 그러나 예수 안에서의 생명은 죽어도 사는 영원한 생명입니다. 예수 그리스도와 접붙여진 생명이기 때문입니다. 예수께 접붙여진 생명은 영원복락을 누리는 영원한 생명이요 죽어도 사는 생명인 것입니다.

3. 죽어도 사는 생명은 부활을 믿는 생명입니다.

십자가에서 죽으신 예수님은 부활하심으로 생명의 주관자이심을 만방에 증거하셨습니다. 부활의 신앙을 가진 자는 부활의 생명을 가진 자들입니다. 이 신앙을 가진 자들은 죽음도 두려워하지 않고 인간도 사단도 환경도 두려워하지 않습니다. 또한 지나치게 슬퍼하거나 애통하지 않습니다. 부활이 있기 때문입니다. 이 신앙을 가지고 서로 위로하며 힘찬 생을 살아갑시다.

2.4 임종 예배순서(2)

개식사 ··· 집례자

우리는 지금 하나님의 부르심 앞에 있는 형제 OOO 씨의 임종예배를 드리겠습니다.

찬송 ······················ 346장 ······················· 다같이
신앙고백 ···················· 사도신경 ···················· 다같이
성경 ···················· 누가복음 23:46 ···················· 다같이
설교 ···················· 영혼의 위탁 ····················· 집례자
기도 ··· 집례자

위로의 하나님 아버지, 인생이 이 세상에 오는 것도 세상을 떠나는 것도 하나님 아버지의 섭리 속에 되어짐을 믿습니다. 우리의 형제 OOO 씨의 임종을 맞아 간절히 기도하오니 그 영혼을 아버지의 영원하신 품 속에 품어 주시옵소서. 비옵나니 슬픔을 당한 유가족들을 위로하여 주옵소서. 예수님의 이름으로 기도합니다. 아멘.

찬송 ························· 290장 ························· 다같이
축도 ··· 목사

1) 설교-영혼의 위탁(눅 23:46)

인간은 누구나 이 세상에서 살다가 죽게 되어 있습니다. 문제는 마지막 임종 시 어떤 태도로 죽음을 맞느냐가 문제입니다. 예수님께서 마지막 임종 시 "아버지여, 내 영혼을 부탁하나이다."라고 하셨습니다.

죽음은 사랑하는 아버지의 품 속에 안기는 것입니다. 인간은 하나님께로부터 왔다가 다시 그에게로 돌아가는 것입니다. 하나님은 우리 인간을 극진히 사랑하시는 분이십니다. 이제 사랑하는 주님 품으로 돌아가는 것입니다.

죽음은 영원한 나라로 가는 관문입니다. 그러므로 죽음 저편에 있는 하늘나라를 바라보는 소망을 가져야 합니다. 요단강 건너 약속의 땅 가나안이 있듯이 죽음의 강 요단을 건너면 영원한 안식의 나라가 있습니다.

하나님께서 내 영혼을 영접해 주실 것을 믿고 그에게 위탁해야 합니다. 믿음이 없는 자는 하늘나라를 유업으로 얻지 못할 것입니다. 주님 안에서 죽은 자들은 복이 있습니다.

2) 설교-마지막을 잘 정리하라(임종 시)(약 4:13-17)

이 세상에서 마지막을 잘 장식하는 자가 복이 있습니다.

창세기 49장에는 야곱이 죽기 바로 직전에 아들들을 불러놓고 유언적인 축복을 하면서 자기의 장사까지 부탁한 일이 기록되어 있습니다. 또한 창세기 50장에는 그 아들 요셉이 자기의 죽을 것을 알고 자식들에게 자기 유골에 대한 부탁까지 하였습니다.

이와 같이 자기의 죽을 때를 알고 준비하며 마지막을 잘 정리하는 자는 복이 있습니다. 사람들은 잠깐 보이다가 없어지는 안개와 같은 인생이나 그리스도 안에 죽는 자에게는 영원한 천국이 있습니다.

고생 많고 괴로움 많은 세상을 떠나면 기쁨과 만족과 평화만이 있는 내세가 있습니다. 사람이 무엇으로 심든지 그대로 거두리라고 했습니다.

OOO 님께서는 평소에 신앙생활에 충실하였으니 성령을 위해 심은 자라 영생을 거두실 것입니다.

예수님이 나의 구주이심을 믿습니까? 천국에 가실 것을 믿습니까? 주 예수는 당신의 구주이십니다. 영원한 천국으로 인도하실 것입니다.

3. 입관예식

3.1 입관예식 지침

입관이란 염습한 시신을 관 속에 넣고 뚜껑을 덮어 함봉하는 것을 말한다. 법적 전염병이 아닌 경우나 특별한 경우를 제외하고는 사후 24시간이 경과한 후에 시신을 처리하는 것이 상례이다.

1) 씻김

시신을 다음 순서와 요령으로 씻는다.
(1) 주관자는 모든 것이 준비되었나를 확인한 후 시작해야 한다. 인도자의 지시에 따라 시신의 좌우에 두 세 사람씩 앉는다.
(2) 홑이불을 벗기고 손이나 발을 묶었던 붕대나 백지를 제거한다.
(3) 남성인 경우는 남상주가, 여성인 경우 여상주가 앞가리개(군포)를 가리며 하의를 벗긴다.
(4) 상의를 벗긴다.
(5) 알콜이나 향수 혹은 정결한 물을 수건에 적셔 깨끗이 시신을 닦아 낸 후 마른 수건으로 훔친다.

(6) 홑이불로 시신의 머리와 수족을 완전히 덮는다.

2) 수의 입히기

준비된 수의가 있으면 그것을 쓸 것이지만 그렇지 못할 때는 고인이 입던 옷 가운데서 깨끗하고 좋은 것을 골라서 청결히 한 후 입힌다.

하의를 먼저 입히고 상의를 입힌 후 두루마기를 입힌다(상의는 두루마기와 함께 끼워서 입히는 것이 편리하다).

수의의 내용은 다음과 같다.

① 바지

② 허리띠

③ 버선

④ 대님

⑤ 행전(남자)

⑥ 저고리

⑦ 치마(여자)

⑧ 두루마기

⑨ 손싸개, 면모(머리싸개)

3) 입관

입관은 수의를 입힌 후 이어서 하는 것이 상례이다.

(1) 집례자의 지시에 따라 관을 놓을 자리를 준비하여 정상목을 놓아 관을 들어 옮기기에 수월하게 준비한 후 그 위에 관을 올려놓는다.

(2) 관에 백지를 깔고 요를 깐 후 시신을 안치한다. 이때 시신을 다루기 편하게 백지로 요소요소를 묶었다가 관에 안치한 후 풀 수도 있다.

(3) 관의 빈 곳을 백지나 짚 혹은 솜 등으로 채운 후 이불을 덮고 관의 뚜껑을 덮는다.

(4) 뚜껑은 머리 부분을 열어 둔 채 입관예배를 드린 후 면모를 열고 마지막으로 유족들에게 보게 한다. 그리고 면모를 덮고 관을 완전히 봉한다. 사정에 따라서는 관의 뚜껑을 닫고 봉한 후에 입관예배를 드릴 수도 있다.

(5) 관이나 묘 안에 부장품을 넣어 매장하지 않음이 좋고 고인이 쓰던 찬송가나 성경 등 유품은 잘 보관하고 고인을 추모함이 좋다.

(6) 입관을 마친 후 봉띠를 묶어 운구가 편리하도록 준비한다.

(7) 입관 후의 관은 구라고 칭한다.

(8) 십자가 표시가 새겨진 관포를 씌워 발인 때까지 안치한다.

(9) 입관이 끝나면 병풍이나 휘장을 뒤로 물리고 옆에 명정을 걸어놓을 수 있다. 명정을 할 경우에는 붉은 천에 금빛으로 쓴다.

<보기>

성도 OOO 장로의 구

4) 상복

간소하고 정결한 옷으로 하되 가급적이면 검은 옷이나 흰 옷이 좋겠다. 평상복에 상장을 패용할 수도 있다.

5) 빈소와 문상

(1) 빈소를 따로 차릴 필요는 없고 시신을 안치한 곳이 빈소가 된다.

(2) 상제들은 빈소를 떠나지 말고 문상객의 조의를 받음이 좋다.

(3) 문상객은 고인의 사진이나 고인을 기념하는 장치 앞에서 하나님께 기도한 후 유가족과 정중한 인사를 나눔으로 유족들을 위로한다.

(4) 상 위에 사진을 놓는다(검은 리본을 두른다). 고인이 애독하던 성경과 찬송가를 놓는다.

(5) 조의를 표하기 위하여 헌화를 할 시는 준비된 화병에 꽂고 그렇지 않을 때는 꽃의 줄기를 구 쪽으로 하고 꽃이 자신을 향하게 상 위에 놓는다.

(6) 상가 대문에는 '상중'이라고 써 붙이고 상가 길목에는 'o 상가' 라고 화살 표시를 해서 써 붙여서 문상객이 상가를 찾기 쉽게 한다.

〈문상객의 인사말 보기〉

(신자의 가정에서)

① 당하신 슬픔을 무어라 위로의 말씀을 드릴 수 없습니다.

② 하나님의 위로가 함께하시기를 바랍니다.

③ 슬픔 중에 부활의 신앙으로 위로를 받으시기 바랍니다.

(불신자의 가정에서)

① 상사 말씀 무어라 드릴 수 없습니다.

② 친상을 당하시어 얼마나 망극하십니까?

③ 얼마나 망극하십니까?(부모상인 경우)

④ 얼마나 상심되십니까?(손 아래 장사인 경우)

⑤ 얼마나 마음 아프시겠습니까?(손 아래 장사인 경우)

〈상주의 대답 보기〉

① 위로해 주셔서 감사합니다.

② 바쁘신 중에 찾아와 주셔서 감사합니다.

6) 문상예절

(1) 복장

가급적 검정이나 흰 옷을 입는다. 남자인 경우 넥타이만이라도 검은 것으로 맨다. 부득불 화려한 복장일 경우 장례식장 뒤편에 자리를 잡고 남의 눈에 뜨이지 않게 몸가짐을 삼간다.

(2) 조의금

흰 봉투 전면에 '부의'(賻儀) 혹은 '근조'(謹弔), '삼가 조의를 표합니다' 등으로 쓰고, 드리는 이의 이름을 그 아래에 쓴다.

〈보기〉

삼가 조의를 표합니다.

ㅇㅇㅇ

근조

ㅇㅇㅇ

3.2 입관예식 순서(1)

개식사 ·· 집례자

이제 고 OOO 씨의 유해를 입관하고 예배를 드리겠으니 인생의
최후를 생각하는 가운데 엄숙히 임해 주시기 바랍니다.

묵도 ···················· 요 14:1~2 ···················· 집례자
찬송 ·················· 222장 ·················· 다같이
기도 ·· 맡은이
성경 ···················· 계14:13 ···················· 설교자

"또 내가 들으니 하늘에서 음성이 나서 가로되 기록하라 지금
이후로 주 안에서 죽는 자들은 복이 있도다 하시매 성령이 가라
사대 그러하다 저희 수고를 그치고 쉬리니 이는 저희의 행한 일
이 따름이라 하시더라"

설교 ·············· 주 안에 죽은 자의 복 ·············· 설교자
기도 및 축도 ···································· 설교자

1) 설교-주 안에 죽은 자의 복 (계 14:13)

사람은 누구나 삶을 청산할 날이 옵니다. 그날이 죽음의 날입니

다. 죽음은 만인의 공도입니다. 그러나 주 안에서 죽는 자는 복이 있습니다.

1. 주 안에 죽는 자는 영생을 얻기 때문에 복됩니다(요 3:16).

주님을 믿는 자는 멸망하지 않고 영생을 얻는다고 했습니다. 천국에서의 영생을 누려 사는 복이 있습니다.

2. 주 안에 죽는 자는 수고를 그치고 쉬기 때문에 복됩니다.

불신자는 지옥에서 고통을 당하나 성도는 하늘나라 영광의 세계에 들어가 안식을 누리는 복이 있습니다.

3. 주 안에 죽는 자는 의로운 행실들이 하늘나라에서 보상받게 되는 복이 있습니다.

사람들은 행한 대로, 심은 대로 거두게 됩니다. 의로운 행실로 산 성도는 하늘나라에서 상급을 받습니다.

3.3 입관예식 순서(2)

개식사 ··· 집례자
찬송 ························· 543, 228장 ···················· 다같이
기도 ·· 맡은이

내가 저희에게 영생을 주노니 영원히 멸망치 아니할 터이요, 또 저희를 내 손에서 빼앗을 자가 없느니라(요 10:28).

너희는 마음에 근심하지 말라. 하나님을 믿으니 또 나를 믿으라. 내 아버지 집에 거할 곳이 많도다. 내가 너희를 위하여 처소를 예비하러 가노라고 하셨으며, 길이요 진리요 생명이시며 부활하신 우리 주님, 저희가 이 시간 우리 가운데서 부르심을 받은 OOO 씨의 육신을 장사하기 위하여 그 시신을 입관하고자 하옵는데, 아버지의 위로와 그리스도 안에서의 부활의 소망을 더 밝히 깨닫게 하여 주옵소서. 예수님의 이름으로 기도합니다. 아멘.

성경 ··············· 고후 5:1~10, 계 7:15~17 ··············· 집례자

운명 후 깨끗한 수건 또는 소독면으로 시체를 닦아 낸 다음, 고인의 깨끗한 평상복 중에서 면으로 된 의복이나 또는 수의를 갈아입히고 입관한다. 집례자는 모든 입관 절차를 마치고 관을 정한 자리에 놓은 후에 유족과 교회가 함께 예식을 거행할 것이다.

만일 땅에 있는 우리의 장막집이 무너지면 하나님께서 지으신 집, 곧 손으로 지은 것이 아니요, 하늘에 있는 영원한 집이 우리에게 있는 줄 아나니, 과연 우리가 여기 있어 탄식하며 하늘로부터 오는 우리 처소로 덧입기를 간절히 사모하노니 이렇게 입음은 벗은 자들로 발견되지 않으려 함이라. 이 장막에 있는 우리가 짐진 것 같이 탄식하는 것은 벗고자 함이 아니요, 오직 덧입고자 함이니 죽을 것이 생명에게 삼킨 바 되게 하려 함이라. 곧 이것을 우리에게 이루게 하시고 보증으로 성령님을 우리에게 주신 이는 하나님이시니라. 이러므로 우리가 항상 담대하여 몸에 거할 때에는 주님과 따로 거하는 줄을 아노니, 이는 우리가 믿음으로 행하고 보는 것으로 하지 아니함이로라. 우리가 담대하여 원하는 바는 차라리 몸을 떠나 주님과 함께 거하는 그것이라. 그런즉 우리는 거하든지 떠나든지 주님을 기쁘시게 하는 자 되기를 힘쓰노라. 이는 우리가 반드시 그리스도의 심판대 앞에 드러나 각각 선악 간에 그 몸으로 행한 것을 따로 받으려 함이라.

설교 ···················· 영원한 본향에 가신 자 ···················· 집례자
기도 ·· 집례자

거룩하신 아버지 하나님, 우리는 지금 엄숙한 인생의 한 장면에 섰습니다. 모든 사람이 피할 수 없는 죽음으로 사랑하는 이의 시신을 앞에 놓고 다시 한 번 우리 생의 무상함을 깨달으면서 주님 앞에 간구합니다.

이제 고인의 영혼을 아버지께서 부르셨고 우리로 장례케 하고 자 하옵는데, 먼저 슬픔에 잠긴 유족들에게 위로와 소망을 주시고, 장례하는 모든 절차에 실수나 부족이 없게 하여 주시옵소서. 우리는 언제나 슬픔의 사실에서 소망과 용기를 얻게 하시며, 사망이 생명에 삼키운 바를 우리가 몸소 체험케 하시옵소서. 예수님의 이름으로 기도합니다. 아멘.

찬송 ·················· 230, 544장 ·················· 다같이
축도 ·· 목사

1) 설교-영원한 본향으로 가신 자(계 7:15-17)

인생을 말할 때 성경에서 "너희 생명이 무엇이뇨 너희는 잠깐 보이다가 없어지는 안개니라"고 했습니다. 이 세상에서의 삶은 아침 안개와 같이 짧은 인생입니다. 이 세상은 고해와 같다고 했습니다. 고생많고 괴로움 많은 세상입니다.

그러나 이 세상을 떠나 기쁨과 만족과 평화가 있는 하늘나라에 가셨으니 복이 있습니다.

1. 영원한 본향은 부족한 것이 없는 곳입니다(17).

"다시 주리지도 아니하며 목마르지도 아니하고 해나 아무 뜨거운 기운에 상하지 아니하는 곳"입니다.

하늘나라는 아무 부족함이 없이 넘치고 만족스럽게 채워 주시는

곳입니다. 이 세상에서 부족함도, 모자람도 있고 아쉬움도 있었지만 하늘나라는 부족함이 없이 만족한 곳입니다. 이런 영원한 본향에 가셨으니 위로 받으시기 바랍니다.

2. 영원한 본향은 생명수 샘으로 인도하는 곳입니다(18).

하늘나라는 생명수 샘이 있는 아름다운 곳입니다.

가난이 없고 슬픔도 없으며 기갈이 없고 목마름도 없으며 생명수로 넘치게 채워 주시는 풍성함이 있는 곳입니다. 고인은 이런 영원한 본향에 가셨습니다. 유족들에게 주 안에서 큰 위로와 평강이 있으시기 바랍니다.

3. 영원한 본향은 눈물을 씻어 주시는 곳입니다(18).

인생은 세상 사는 동안 슬픔이 많고 눈물 흘릴 일들이 많았습니다. 그러나 본향에 가면 눈물을 씻어 주십니다. 이제 고인은 본향에 가셨으므로 세상에 사는 동안 당한 슬픔과 흘린 눈물과 괴로움을 다 거두고 눈물을 씻어주시고 찬송과 기쁨과 즐거움으로 바꿔주십니다.

2) 설교-돌아가는 인생(전도서 12:1-5)

우리는 지금 ○○ 세의 일기로 세상을 떠나 하늘나라에 가시고 땅위에서는 다시 만날 수 없게 된 고 ○○○ 씨를 입관하고 그 영전 앞에서 슬픔을 눌러가며 이 말씀을 드립니다.

본문말씀에 보면 "너는 청년의 때 곧 곤고한 날이 이르기 전 나는 아무 낙이 없다고 한 해가 가깝기 전에 너의 창조자를 기억하라"고 했습니다. 인생은 누구나 한번은 이 세상을 떠나는 날이 옵니다. 성도는 이 길을 통하여 영원한 본향 천국으로 돌아갑니다.

1. 죽음은 인생의 공도입니다.

이 세상에서 죽음을 피할 장사는 아무도 없습니다. 남녀 노소 빈부 귀천을 초월하여 한번은 가는 길입니다. 무엇을 하다가 어떻게 살다가 어디로 가느냐는 중요한 문제입니다.

고인은 믿음으로 사셨고 가정에 충실했고 사회에서도 큰일을 많이 하셨고 교회에서도 열심히 봉사하였으며 믿음을 지켰습니다. 자기 사명에 충실하다가 하나님 부르심으로 하늘 나라에 가셨습니다. 죽음은 인생의 공도입니다.

2. 본향으로 돌아가는 인생입니다.

시편 90:3절에 "주께서 사람을 티끌로 돌아가게 하시고"라고 하였습니다. 인간은 누구나 고향을 가지고 있습니다. 이와 같이 우리 영혼이 돌아갈 본향이 있습니다.

즉 하늘나라 즉 천국이 우리 성도들이 가야할 본향입니다. 하늘나라는 하나님을 믿고 사랑하는 자들을 위해 준비된 나라입니다.

고 ○○○ 씨는 하나님을 잘 믿던 분이기에 영원한 본향 하늘나라에 가셨습니다. 우리는 언젠가 본향으로 돌아갈 인생입니다.

3. 주 안에 죽는 자는 복 있는 죽음입니다.

계 14:13절에 "지금 이후로 주 안에서 죽는 자들은 복이 있도다"고 했습니다. 주 안에 죽는 자는 복이 있습니다. 왜냐하면 영생을 얻기 때문입니다.

요 3:16절에 "하나님이 세상을 이처럼 사랑하사 독생자를 주셨으니 누구든지 저를 믿으면 멸망치 않고 영생을 얻으리라"고 했습니다.

고인은 예수님을 구주로 잘 믿었으므로 영생을 얻었습니다.

주 안에 죽는 자는 "저희 수고를 그치고 쉬리니 이는 저희의 행한 일이 따름이라"고 했습니다. 주 안에 죽는 자는 안식을 누리게 되며 행한대로 상급과 칭찬을 받게 됩니다.

우리도 주 안에서 상급 받을 수 있는 삶을 살아야 하겠습니다.

3.4 입관예식 순서(3)

개식사 ···································· 집례자

지금부터 고 OOO 씨의 몸에 새 옷을 입히고 고이 관에다 모시는 입관식을 거행하겠습니다.

신앙고백 ··················· 사도신경 ··················· 다같이
찬송 ······················· 239장 ······················ 다같이
기도 ·· 맡은이

자비로우신 하나님 아버지, 아버지의 섭리에 순종하여 엄숙히 머리를 숙였습니다. 모든 인생은 풀과 같고 그 영광은 풀의 꽃과 같아서 시들고 말라 버리고야 말 존재임을 아오나, 막상 그 생명이 떠난 유해 앞에 서니 슬픔을 금할 수 없나이다.
영원하신 하나님 아버지, 우리는 고인의 시신을 장사하기 위해서 이 관에 모시오나 그의 영혼을 아버지 품 속에 고이 품어 주소서. 위로의 하나님이시여, 슬퍼하는 유족들과 여기 모인 무리에게 위로해 주시고 긍휼과 자비를 베풀어 주소서. 예수님의 이름으로 기도합니다. 아멘.

성경 ··················· 히 11:13~14 ··················· 집례자
설교 ··················· 영원한 집 ··················· 집례자

사랑의 하나님 아버지, 우리는 죄의 용서와 몸의 부활과 영원한 삶을 믿으면서 우리의 형제 고 OOO 씨의 몸을 이 관에 고이 모십니다. 육신의 장막이 무너질 때 하나님께서 지으신 하늘의 영원한 집에 들어갈 것을 믿습니다. 이제 우리가 고 OOO 씨의 얼굴을 마지막으로 대하오니 영원한 나라에서 다시 상면할 소망을 갖게 하소서. 우리 모두에게 하늘의 위로를 내려주시고 특별히 그 유족들에게 큰 위로를 허락하여 주시사 마음의 아픈 상처를 어루만져 주시고, 그 눈에서 눈물을 씻어 주소서. 예수님의 이름으로 기도합니다. 아멘.

(관 뚜껑을 덮기 전에 고인의 얼굴을 마지막으로 대하기 위해 유족들이 한 줄로 서서 관두껑 쪽으로 와서 고인의 얼굴을 볼 수 있다. 관 뚜껑을 덮고 못을 친다. 예배 후에 해도 무방하다.

1) 설교-영원한 집(히 11:13-14)

우리 육체의 장막이 무너질 때 하나님이 예비하신 영원한 집이 예비되어 있습니다.

① 영원한 집은 하나님이 예비하신 집입니다. 예수님도 이 집을 예비하고 계십니다(요 14:2-3).
② 영원한 집은 소망 중에 바라던 집입니다. 하늘에 있는 집이 우

리에게 있는 줄 압니다(고후 5:1).

③ 영원한 집은 믿음으로 가는 집입니다(히 11:13-14). 영원한 집에 가는 길은 예수를 통해서만 갈 수 있고, 그를 믿음으로써만 갈 수 있습니다. 우리도 불원간 고인을 따라 주님이 예비하신 영원한 집에 갈 것입니다.

2) 설교-다시 만남의 약속(히 9:27)

인생의 역사는 만남의 역사입니다. 사람이 서로 만나고 또 헤어지고 헤어졌다가 또 만나기도 합니다.

만남을 통해 친구도 되고 이웃도 가정식구도 되기도 합니다.

주안에서 만난 OOO 씨는 이 세상에서 같이 잠시 지내다가 천국에 가셨습니다. 우리도 이 세상 떠나는 날 다시 천국에서 만나 영원히 살 것입니다.

오늘의 이별은 다시 만남의 약속입니다. 너무 슬퍼하지 마시고 다시 만남의 약속 속에 희망을 가지시기 바랍니다.

죽음이란 다시는 돌아오지 못할 것으로 가는 영원한 여행과 같습니다. 그래서 시편기자는 "주께서 사람을 티끌로 돌아가게 하시고 말씀하시기를 너희 인생들아 돌아가라 하셨사오니"(시 90:3)라고 고백했습니다.

또 히브리서 9:27절에서는 "한번 죽는 것은 사람에게 정하신 것이요 그 후에는 심판만이 있을 것"을 알려주었습니다. 이제 고인은 하나님의 품으로 가셨습니다.

1. 인생은 짧고 유한한 존재입니다.

우리의 인생은 짧습니다. 시편기자는 "주께서 나의 날을 손 넓이만큼 되게"(시 39:5) 만드셨다고 했습니다.

또 야고보 사도는 "잠깐 보이다가 없어지는 안개"(약 4:14)로 비유했으며 베드로 사도는 "풀의 꽃"처럼 금방 시드는 것이 인생이라고 했습니다.

이처럼 우리의 생은 짧습니다. 한계가 있습니다.

그만큼 삶을 다시 돌이킬 기회가 이생의 내용 자체에서도 얻기가 어렵습니다.

짧은 인생을 어떻게 살아야 할까요? 믿음으로 살아야 합니다. 고인은 짧고 유한한 삶을 사는 이치를 깨닫고 믿음으로 사셨기에 영생을 얻었습니다.

2. 다시 만날 때를 기다려야 합니다(딤후 4:7-8)

우리 성도들은 죽음이 모든 것의 끝이 아님을 알고 있기에 위로와 소망을 받을 수가 있습니다.

① 죽은 자의 부활이 있습니다.

선한 일을 행한 자는 생명의 부활로, 악한 일을 행한 자는 심판의 부활로 나오리라고 했습니다. 우리 성도는 부활의 날에 주님 재림의 때에 고인과 다시 만나게 될 것을 소망으로 삼으시기 바랍니다.

② 영원한 나라에서 함께 살게 될 것입니다.

그때에는 다시 이별을 초래하는 사망이 없고 애통하는 것이나 곡하는 것이(계 21:4) 없는 생활을 하게 될 것입니다.

그러므로 영원한 나라에서 함께 살게 될 소망을 가지고 다시 만날 날을 기다려야 합니다.

3. 주님 안에서 안식을 누리게 될 것입니다(살전 4:13-18).

주님 안에서 죽는 자들은 세상 사람들과 같이 슬퍼하지 아니하고 서로 위로하라고 했습니다. 왜냐하면 주님 안에서 안식을 누릴 수 있기 때문입니다.

계 14:13절에 "수고를 그치고 쉬리니 이는 저희의 행한 일이 따름이라"고 성경은 증언합니다.

시 116:15절에 "성도의 죽는 것은 여호와께서 귀중히 보신다"고 했습니다.

시 37:37절에 "화평한 자의 결국은 평안"이라고 했습니다.

주님 안에서 죽는 자는 안식을 누리며 영원한 평안에 들어갑니다. 고인은 주님 안에서 영원한 안식을 누릴 하늘나라에 가셨습니다. 그 나라에서 만날 약속을 믿고 소망 가운데 사셔야 합니다.

4. 장례예식

4.1 장례예식 지침

(1) 장례는 3일장을 원칙으로 하고, 장례일이 주일이 되지 않게 2일장 혹은 4일장으로 조정할 수 있다.

(2) 장례식장은 형편이 허락하면 교회당이 좋겠으나 가정이나 병원도 무방하다.

(3) 장례식 순서를 맡은 분들은 미리 정해서 알리고, 가급적 순서지를 작성해서 조문객에게 나누어 줌이 좋다.

(4) 검은 리본을 준비해서 조문객에게 부착함이 좋다.

(5) 장례식은 정중하고 엄숙해야 한다.

(6) 운구위원은 가급적 교인으로 하고 운구행렬은 사진(영정), 집례자, 영구, 상제, 친족, 문상객 순으로 한다.

(7) 운상시에도 인위적인 울음이나 곡은 삼가고 찬송을 부르며 행진한다.

(8) 상여를 사용할 때에는 간결하게 꽃으로 장식한다.

4.2 장례예식 순서(1)

개식사 ··· 집례자

지금부터 고 OOO 씨의 장례식을 거행하겠습니다. 조객 여러 분은 정중한 조의와 엄숙한 마음으로 이 식에 임해 주시기 바랍니다.

기도 ··· 집례자

생명의 근원이 되신 하나님 아버지, 우리의 형제 고 OOO 씨의 장례식을 위해 이 자리에 모였사오니 부활의 주님께서 임재하시어 우리를 위로해 주소서. 오늘 이 자리의 장례식이 하늘나라로 이어지는 출발식이 되게 하시고 영원과 이어지는 순간이 되게 하소서. 그리하여 여기 모인 우리 모두에게 넘치는 위로와 희망과 용기를 주소서. 예수님의 이름으로 기도합니다. 아멘.

찬송 ···················· 289장 ···················· 다같이
성경 ···················· 시 90:1~17 ···················· 집례자
설교 ···················· 본향으로 가신 분 ···················· 집례자
기도 ··· 집례자

사랑의 하나님 아버지, 하나님은 우리의 힘이시며 우리의 피난

처이십니다. 어려운 고비마다 항상 구해 주셨습니다.

은혜의 주님, 주는 우리의 대제사장이십니다. 우리에게 은혜를 베푸시어 우리의 형제 고 OOO 씨와 우리로 하여금 주의 은혜의 보좌 앞에 담대히 서게 하옵소서.

영원한 인도자이신 성령님이시여, 변함없는 희망으로 이끄사 우리에게 헤아릴 수 없는 위로를 베푸시오며, 특별히 유족들의 앞날을 인도하여 주옵소서. 예수님의 이름으로 기도합니다. 아멘.

약력보고 ·································· 맡은이
조사 ······································ 맡은이
인사 ·· 호상
찬송 ·················· 291장 ·············· 다같이
축도 ·· 목사

1) 설교-본향으로 가신 분(시 90:1-17)

성도의 죽음은 인생의 노고 정지라고 했습니다.

이사야 57:2에 "그는 평안에 들어갔나니 무릇 바른 길로 행하는 자는 자기들의 침상에서 편히 쉬느니라"고 했습니다.

인생은 출생하는 시간부터 죽는 그 시간까지 고생과 수고의 연속입니다.

그러나 고생과 수고를 끝내고 OOO 님은 평화의 나라 하늘나라

에 가셨습니다.

1. 본향으로 돌아가는 인생입니다(3).

"너희 인생들은 돌아가라 하셨사오니."

하늘나라는 우리가 돌아갈 본향입니다. 하늘나라는 하나님을 사랑하는 자들을 위해 준비되었습니다. 하늘나라는 어둠, 질병, 죽음 고독이 없는 곳입니다. 하늘나라는 하나님께서 구속받는 자들과 영원히 계시는 곳입니다.

2. 밤의 한 경점 같은 짧은 인생입니다(4).

"주의 목전에는 천 년이 지나간 어제 같으며 밤의 한 경점 같을 뿐임이니이다"

우리 인생은 70-80년을 산다 해도 긴 역사 속에서 생각하면 밤의 한 경점 같이 짧은 인생입니다.

짧은 인생을 살다간 OOO 님이시지만 믿음으로 훌륭하게 사시다가 천국에 가셨습니다.

OOO 님의 믿음은 참으로 훌륭했습니다.

3. 인생의 연수의 자랑은 수고와 슬픔뿐입니다(10).

"그 연수의 자랑은 슬픔과 수고뿐이라."

수고와 슬픔이 많은 인생의 삶 속에서도 믿음으로 사신 OOO 님은 많은 사람들에게 위로가 되었고 소망을 주었으며 항상 기쁨으로 사시는 분이었습니다.

4. 만족케 보상 받으시는 분이 될 것입니다(14).

"아침에 주의 인자로 우리를 만족케 하사 우리 평생에 즐겁고 기쁘게 하소서."

하나님 앞에 가신 OOO 님은 천국에 가셔서 만족케 하시는 보상을 받으실 것입니다.

4.3 장례예식 순서(2)

개식사 ·· 집례자

(집례자는 장례식장의 위치에 따라 유족과 조객을 좌정시킨 후 "지금부터 고 ○○○ 씨의 장례식을 거행하겠습니다. 엄숙한 마음으로 이 식에 다함께 참여하시기를 바랍니다."라고 개식사를 한 후에 엄숙히 예식을 인도해야 한다.)

기원 ····················· 묵도 ····················· 집례자

나는 부활이요 나를 믿는 자는 죽어도 살겠고, 무릇 살아서 나를 믿는 자는 영원히 죽지 아니하리라(요 11:25-26). 찬송하리로다. 그는 우리 주 예수 그리스도의 하나님이시요, 자비의 아버지시요, 모든 위로의 하나님이시며, 우리의 모든 환난 중에서 우리를 위로하사 우리로 하여금 하나님께 받은 위로로써 모든 환난 중에 있는 자들을 능히 위로하게 하시는 이시로다(고후 1:3-4).

찬송 ·················· 290, 292장 ·················· 다같이
기도 ·· 맡은이

(집례자나 동참한 교역자 혹은 장로로 기도드리게 하며, 기도문을 먼저 작성함이 좋을 것이다.)

(욥 14:1-2)

여인에게서 난 사람은 사는 날이 적고 괴로움이 가득하며 그 발
생함이 꽃과 같아서 쇠하여지고 그림자 같이 신속하여서 머물
지 아니하도다. 나의 날이 체부보다 빠르니 달려가므로 복을 볼
수 없구나. 그 지나가는 것이 빠른 배 같고 움킬 것에 날아 내리
는 독수리와도 같구나 말하는 자의 소리여, 가로되 외치라. 대
답하되 내가 무엇이라 외치리이까? 가로되 모든 육체는 풀이요,
그 모든 아름다움은 들의 꽃 같으니 풀은 마르고 꽃은 시듦은 여
호와의 기운이 그 위에 붊이라. 이 백성은 실로 풀이로다. 풀은
마르고 꽃은 시드나 우리 하나님의 말씀은 영영히 서리라 하라.

(전 8:8)

생기를 주장하여 생기를 머무르게 할 사람도 없고, 죽는 날을 주
장할 자도 없고, 전쟁할 때에 모면할 자도 없으며 악이 행악자
를 건져낼 수도 없느니라.

(전 1:2)

전도자가 가로되 헛되고 헛되며, 헛되고 헛되니 모든 것이 헛
되도다.

(살전 4:14)

우리가 예수의 죽었다가 다시 사심을 믿을진대 이와 같이 예수 안에서 자는 자들도 하나님이 저와 함께 데리고 오시리라.

(요 11:25)

나는 부활이요 생명이니 나를 믿는 자는 죽어도 살겠고, 무릇 살아서 나를 믿는 자는 영원히 죽지 아니하리라.

설교 ····························· 영원한 본향 ···························· 집례자
조가 ·················· 고인이 즐겨 부르던 찬송 ················ 맡은이
고인약력 ··· 맡은이
조사 ··· 맡은이
찬송 ························· 543, 222장 ·························· 다같이
축도 ··· 목사

(식을 마친 후 집례자는 회중에게 유가족을 만나 인사하도록 하고, 운구할 때에 집례자가 앞에 서고 유가족이 영구 뒤에 따른다. 상복은 한복일 경우에는 흰 의복에 상장을 가슴에 달고, 양복일 경우에는 검은 양복에 흰 와이샤쓰와 검은 넥타이에 검은 구두를 신고 상장을 가슴에 단다.)

인사와 광고 ·· 맡은이

1) 영원한 본향(계 7:13-17)

오늘 세상을 떠나신 고인은 분명히 그가 평소에 믿고 바라던 하나님 나라에 가셨습니다.

하늘나라는 어떤 곳입니까? 한 마디로 말해서 위로가 넘치고 기쁨이 넘치는 무궁한 행복의 나라입니다. 거기는 영원한 집 우리의 본향입니다.

1. 영원한 집은 부족한 것이 없는 곳입니다.

다시 주리지도 아니하며 목마르지도 아니하고, 해나 아무 뜨거운 기운에 상하지 아니하는 곳입니다. 아무 부족함이 없이 넘치고 만족스럽게 채워주시는 곳입니다.

2. 생명수 샘으로 인도하십니다.

생명수 샘이 있는 아름다운 곳입니다.

기갈이 없고, 목마름도 없고 생명수로 넘치게 채워 주시는 곳입니다.

3. 눈물을 씻어 주십니다.

세상 사는 동안 슬픔과 괴로움 다 거두시고 눈물을 씻겨 주시고 찬송과 기쁨과 즐거움으로 바꿔 주십니다. 고인은 부족도 없고 생명수 샘이 있고, 눈물을 거두어 주시는 곳으로 가셨습니다. 거기서 주의 천군 천사들과 평화롭게 지내실 것입니다.

5. 발인예식

5.1 발인예배 순서

묵도 ··· 다같이
개식사 ··· 사회자

이제부터 고 ○○○ 님의 유해를 안장하기 위해서 발인예식을 거
행하겠사오니 여러분께서는 조용히 조의를 표시하는 중에 하나
님 앞에서 이 예식을 엄숙히 진행하도록 도와주시기 바랍니다.

찬송 ················ 291장 ················ 다같이
기도 ··· 맡은이
성경 ················ 계 7:13~17 ················ 인도자
설교 ··········· 하늘에 있는 영원한 집 ··········· 집례자

(약 4:14)
"너희 생명이 무엇이뇨 너희는 잠깐 보이다가 없어지는 안개
니라"

(요 11:25)

"나는 부활이요 생명이니 나를 믿는 자는 죽어도 살겠고 무릇
살아서 나를 믿는 자는 영원히 죽지 아니하리니"

조가 ·· 맡은이
고인약력 ·· 맡은이
조사 ·· 맡은이
찬송 ···························· 228장 ···························· 다같이
축도 ·· 목사
인사와 광고 ··· 맡은이

1) 하늘에 있는 영원한 집 (계 7:13-17)

(약 4:14)

"너희 생명이 무엇이뇨 너희는 잠깐 보이다가 없어지는 안개니라"

(요 11:25)

"나는 부활이요 생명이니 나를 믿는 자는 죽어도 살겠고 무릇 살
아서 나를 믿는 자는 영원히 죽지 아니하리니"

사람은 누구나 다 한 번은 죽습니다. 이것은 우주의 공리요, 대자
연의 법칙입니다. 그러나 세상을 떠나신 고 OOO 님은 예수 그리스
도를 잘 믿으셨으니 예수님이 준비하신 영원한 집으로 가셨습니다.

그곳은 위로가 넘치며 기쁨이 넘치는 무궁한 행복의 나라요 우리 성도들이 가서 살아야 할 영원한 집이요 본향입니다.

1. 하늘에 있는 영원한 집은 본향입니다.

시편 90:3절에 "주께서 사람을 티끌로 돌아가게 하시고"라고 했습니다. 인간은 누구나 고향을 가지고 있습니다. 이와 같이 우리 영혼이 돌아갈 본향이 있습니다.

즉 하늘나라는 우리 성도들이 가야 할 본향입니다. 하늘나라는 하나님을 사랑하는 자들을 위해 준비된 나라입니다. 고 OOO 님은 영원한 본향으로 돌아가셨습니다.

2. 하늘에 있는 영원한 집은 조금도 부족함이 없는 곳입니다.

이 세상은 만족이 없는 곳입니다. 사글세, 전셋집 사는 사람이 맨션 아파트 하다가 정말로 고급 주택을 마련하면 만족할까요? 아닙니다. 더 큰 집, 더 좋은 집, 이태리식 집, 고대풍 집, 미국식, 영국식 하면서 헐떡이는 삶을 사는 것이 오늘의 실정입니다.

그러나 고 OOO 님이 가신 천국은 "다시 주리지도 아니하며 목마르지도 아니하고 해나 아무 뜨거운 기운에 상하지 아니할지니"라고 하였습니다.

아무 부족함이 없이 넘치고 만족스럽게 채워주시는 곳입니다. 이 세상에서 신앙 때문에 겪은 모든 슬픔과 괴로움을 완전 종결시켜주시고, 기쁨과 즐거움으로 충만한 은혜를 주시는 곳이 성도의 영원한 집입니다. 그곳은 눈물을 씻어 주시는 곳입니다.

3. 하늘에 있는 영원한 집은 목자되신 주님의 인도를 받는 곳입니다.

양의 생명은 목자에게 달려 있습니다. 마찬가지로 주 안에 있는 생명은 예수님에게 달려 있는 것입니다. 그러므로 영원한 집에 인도된 성도는 예수님이 목자가 되어서 생명수 샘으로 인도하십니다.

생명수 샘이 있으니 기갈이 없고, 목마름도 없고 생명수가 넘치는 곳입니다.

6. 하관식

6.1 하관예배의 뜻

하관예배는 고인을 땅에 묻는 절차의 예배이다.

장례식에서 마지막 드리는 예배이다.

하관식 때 유족의 슬픔은 절정에 이르게 되며 이때 목회자는 엄숙한 예배를 통하여 유족의 슬픔을 달래 주며 모든 슬픔을 함께 묻어 버리고 새로운 용기를 갖고 살아갈 수 있도록 위로하고 격려해 주어야 한다.

주님 재림 시 다시 부활할 것을 심어 주고 부활신앙을 갖도록 해야 한다.

6.2 하관 절차

(1) 상여가 장지에 도착하면 묘소에 가까운 평평한 자리에 구(柩)를 안치한다.

(2) 유족들은 구가 있는 곳에 정정히 서서 하관식을 기다린다.

(3) 산역이 끝나고 지실이 조성되었으면 구를 지실로 운구한다.

(4) 운구위원들은 정중히 운구하고 봉띠를 풀어서 그 줄로 하관을 한다.

(5) 예배 집례자는 세 번째 횡대를 열어놓고 하관예배를 거행한다.

(6) 집례자는 묘소의 상부중심에 서고 상주와 유족은 그 오른쪽에, 조문객들은 왼편에 서게 하여 예식을 거행한다.

(7) 횡대를 마지막으로 덮고 영정을 그 위에 덮고 취토를 할 때 집례자, 유가족, 조문객의 순으로 한다.

(8) 분묘하는 것을 지켜보는 것이 좋으나 형편에 따라 산역하는 자들에게 맡기고 해산해도 무방하다.

6.3 하관예배 모델

개식사 ·· 집례자

이제부터 고 OOO 씨의 하관식을 거행하겠습니다.

찬송 ····················· 188장 ····················· 다같이
신앙고백 ················· 사도신경 ················· 다같이
성경 ····················· 요 5:25~29 ····················· 집례자
설교 ····················· 생명의 부활자 ····················· 맡은이

지금 봉독한 성경 말씀의 교훈은 사람은 누구나 다 세상에 왔다가 언젠가는 세상을 떠나게 되는데 그의 육은 땅에 묻히고 그의 영혼은 하늘로 올라간다는 것입니다.

죽은 사람을 땅에 장사지낼 때는 누구나 다 같습니다. 그러나 예수께서 재림하실 때는 죽어서 땅에 매장된 이들이 모두 다 부활하게 되는데 그때에 주 안에서 믿음으로 살다가 죽은 사람은 영생의 부활로, 주 밖에서 불신앙으로 살다가 죽은 사람은 심판의 부활로 나오게 되는 것입니다.

고 OOO 씨는 그리스도 안에서 믿음으로 살다가 하나님의 부르심을 받아 갔으므로 그 혼은 낙원에 가서 아브라함의 품에 안기어 편히 쉬겠고 그 육체는 훗날 주 강림하실 때에 영생의 부활에 참여하게 될 것을 확신합니다. 여기 모인 유족과 조문객들도 남은 생애를 주 안에서 하나님의 뜻대로 살다가 주 재림하실 때에 생명의 부활에 동참하게 되시기를 기원합니다.

취토 ··· 집례자

하나님의 부르심을 우리의 형제 고 OOO 씨를 여기에 안장합니다. 흙으로 된 몸은 땅에서 왔으니 땅으로 돌아갑니다.

주님 재림하시는 날, 죽은 자는 부활하고 산 자는 변화할 것을 믿으며 우리는 이렇게 고인을 안장합니다. 부활의 때까지 안식하게 하소서.

영화로운 몸으로 다시 살 것을 확신합니다.

예수님의 이름으로 기도합니다. 아멘.

(횡대를 다 덮은 후 집례자가 위와 같이 기도한 후 집례자, 상
주, 그리고 장례식에 참예한 친지 중에서 흙을 조금씩 횡대 위
에 던진다.)

기도 ··· 설교자
찬송 ··················· 364장 ····················· 다같이
축도(주기도문) ··································· 목사

6.4 하관예식 순서(1)

개식사 ·· 집례자

이제부터 고 OOO 씨의 하관예식을 거행하겠습니다. 다함께 정숙한 마음으로 이 예식에 참여합시다.

신앙고백 ····················· 사도신경 ························ 다같이
찬송 ·························· 188장 ··························· 다같이
기도 ·· 집례자

생사화복을 주장하시는 하나님 아버지, 우리는 지금 우리의 형제 고 OOO 씨의 시신을 이곳에 안장하고자 합니다. 그의 육신은 흙에서 왔다가 흙으로 돌아가옵고, 그의 영은 하나님께로 왔다가 하나님께로 돌아가나이다.

오 주여, 비옵나니 사랑하는 형제(자매)를 보내야 하는 유족들과 여기에 둘러선 우리 모두의 슬픔을 위로해 주옵소서. 주님 재림하시는 날, 우리 모두 부활하여 기쁨으로 다시 만날 소망과 믿음을 주옵소서. 예수님의 이름으로 기도합니다. 아멘.

성경 ························· 요 5:24~29 ··················· 집례자
설교 ························· 부활의 소망 ·················· 집례자
기도 ·· 집례자

전능하신 하나님 아버지, 여기에 우리의 형제 고 OOO 씨를 안장하였나이다. 세상의 무거운 모든 짐을 벗겨 주신 주께서 고인에게 영원한 안식을 허락하여 주옵소서. 이제 우리는 고인과 몸으로는 대할 수 없게 되었습니다. 그러기에 슬퍼하며 눈물 짓는 유족들과 우리 모두의 눈에서 눈물을 씻겨 주시며, 우리 모두가 부활의 희망을 안고 영원한 하나님의 나라를 바라보게 하옵소서.

거룩하신 하나님, 우리 피차 삶과 죽음, 이곳과 저곳으로 갈라져 있사오나 하나님의 뜻을 바라는 데는 하나가 되게 하시며, 성령을 통한 친교가 항상 계속되는 은총을 베풀어 주옵소서. 친히 부활하심으로 우리에게 영원한 희망을 보여 주신 예수님의 이름으로 기도합니다. 아멘.

찬송 ························· 364장 ····························· 다같이
축도 ··· 목사
취토 ······································· 집례자와 유족들

하나님의 부름을 받은 우리 형제 OOO 씨를 여기에 안장합니다. 흙으로 된 몸은 땅에서 왔으니 땅으로 돌아갑니다. 주님 재림하시는 날, 죽은 자는 부활하고 산 자는 변화할 것을 믿으며 우리는 이렇게 고인을 안장합니다. 부활의 때까지 안식하게 하소서. 영화로운 몸으로 다시 살 것을 확신합니다. 예수님의 이름으로 기도합니다. 아멘.

1) 설교-부활의 소망(요 5:24-29)

밀알 하나가 땅에 떨어져 묻히고 썩은 후에 새 싹이 땅 위로 올라오듯이 그리스도를 믿는 자들의 육체는 이 곳에 매장되어 썩지만 다시 부활할 것을 믿습니다. 예수님께서는 부활이요 생명이 되시어 이진리를 우리에게 보여 주셨습니다. 예수님은 죽은 지 3일 만에 다시사신 것입니다. 부활의 주인공이 되신 예수님을 믿으면 우리는 마지막 재림 때에 다시 이 무덤을 깨치고 부활할 것입니다.

여기에 있는 우리 모두가 언젠가는 죽어 땅에 묻히지만 부활의 소망을 가진 자는 영원히 죽지 아니할 것입니다.

2) 설교-영생의 부활을 한다(고전 15:50-58)

사람이 이 세상에서 살아가다가 자기의 연수대로 연한이 차면 세상을 떠나게 됩니다. 그의 몸은 땅 속으로 들어가고 그의 영혼은 하늘로 올라가게 됩니다.

지금 땅 속에 들어갈 때는 남녀노소가 다 같습니다. 그러나 예수님이 재림하셔서 이미 죽은 모든 사람들이 부활할 때 믿는 자는 영생의 부활을 받습니다.

세상 역사가 있은 후 많은 사람이 죽었습니다. 남녀노소의 죽은 수효를 헤아릴 수 없습니다. 그러나 저희들이 부활할 때는 두 가지 종류로 구별됩니다. 하나는 심판의 부활로, 다른 하나는 생명의 부활을 하게 됩니다.

고인은 생명의 부활로 주님 재림하실 때 나타나게 될 것입니다. 위로를 받으시고 부활하는 그 날에 우리가 기쁨으로 만날 수 있을 것입니다.

우리도 남은 생애를 주의 뜻대로 사는 생활 하시기를 바랍니다.

6.5 하관예식 순서(2)

관을 광중에 내려놓고 관 상하좌우에 흙으로 채운 후, 횡대를 덮고 얼굴 가까운 횡대 한 장을 열어 놓고 하관식을 한다. 집례자는 관 윗머리 쪽에 일반 교인들은 관을 중심으로 둘러서서 식을 거행한다.

개식사 ·· 집례자

이제 고 OOO 씨의 하관식을 거행하겠습니다.

찬송 ························· 188장 ························· 다같이
기도 ··· 집례자

사랑하는 아버지 하나님, 우리가 지금 고 OOO 씨의 하관식을 거행합니다. 그는 일찍이 세상에 와서 하나님을 믿고 자기의 본분을 다하다가 하나님께로 돌아갔습니다. 사람이 세상에 왔다가 세상을 떠나가는 것을 누가 피할 수 있겠습니까? 그러나 그의 시신을 땅에 장사하게 될 때에 육신의 섭섭함을 금할 수 없습니다. 사람이 세상에 와서 자기의 할 일을 다하고 세상을 떠나 육신은 땅에 장사 지내지마는 그의 영은 하나님께로 간 것을 믿고 위로를 받습니다.

흙은 흙으로 돌아가고 영은 하나님 앞에 가는 것을 다시 기억하게 하여 주시옵소서. 이 시간에 둘러서 있는 고인의 유족들

에게 함께 하여 주시고, 위로하여 주시고, 소망을 주시옵소서. 고인이 살았을 때보다 더욱 마음과 뜻과 힘을 합하여 하나님을 공경하며, 모범적 가정이 되며, 믿음과 소망과 사랑으로 사는 가정이 되게 하여 주시고, 이 자리에 있는 우리들도 예수님 재림하실 때에 부활할 것을 믿게 하여 주시옵소서. 예수님의 이름으로 기도합니다. 아멘.

성경 ················· 요 5:24-29, 고전 15:50-58 ············· 집례자

내가 진실로 진실로 너희에게 이르노니 내 말을 듣고 또 나 보내신 이를 믿는 자는 영생을 얻었고 심판에 이르지 아니하나니 사망에서 생명으로 옮겼느니라. 진실로 진실로 너희에게 이르노니 죽은 자들이 하나님의 아들의 음성을 들을 때가 오나니 곧 이 때라. 듣는 자는 살아나리라. 아버지께서 자기 속에 생명이 있음같이 아들에게도 생명을 주어 그 속에 있게 하셨고, 또 인자됨을 인하여 심판하는 권세를 주셨느니라. 이를 기이히 여기지 말라. 무덤 속에 있는 자가 다 그의 음성을 들을 때가 오나니 선한 일을 행한 자는 생명의 부활로, 악한 일을 행한 자는 심판의 부활로 나오리라.

설교 ························· 다시 사는 사람 ······················· 집례자

사람은 세상에 왔다가 떠나 갑니다. 그러나 우리도 얼마 후에는

이와 같은 하관식을 가지게 됩니다. 이미 가신 이가 믿음을 지키고 달려갈 길을 다 갔으므로 하나님께로 돌아간 것을 생각하며, 여러분도 하나님의 뜻대로 살도록 힘쓰기를 바랍니다. 하나님께서 그의 유족들과 함께하시기를 빕니다.

취토 ·································· 집례자와 유족 및 친지

(횡대를 다 덮은 후 주례자, 상주, 또는 장례식에 참예한 친지 중에서 흙을 조금씩 횡대 위에 던진다. 그후 주례자가 다음과 같이 말한다.)

전능하신 하나님께서 사랑하는 형제(자매)의 영혼을 부르사 하나님께로 돌아가게 하셨으므로 우리가 그 시체를 땅 속에 안장합니다. 흙은 흙으로 돌아가고 영은 하나님께로 돌아갑니다.

성경 말씀대로 예수님께서 재림하실 때에 모든 사람들이 죽음의 자리에서 부활하게 될 것입니다. 우리는 이제 장사 지낸 형제(자매)가 영화로운 몸으로 부활할 것을 확신합니다. 아멘.

고별기도 ·································· 집례자

사랑하는 하나님 아버지, 우리가 지금 하나님이 사랑하시는 고 〇〇〇 씨를 장사하고 돌아가고자 합니다. 우리가 다시는 세상에서 사랑하는 고인의 얼굴을 보지 못하게 됩니다. 사람의 정으로는 섭섭함을 감출 길이 없습니다. 그러나 믿음으로 위로를 받

습니다. 이후 부활할 것을 믿습니다. 그의 몸을 땅에 장례하고 돌아가오니 그의 유족들의 눈에서 눈물을 거두어 주시고, 이 자리에 있는 모든 사람의 마음에 섭섭함 대신에 위로를 내려 주시옵소서. 예수님의 이름으로 기도합니다. 아멘.

찬송 ································ 3장 ································ 다같이
축도 ··· 목사

(취토 때 집례자만 흙을 황대 위에 덮고, 축도 후에 유족과 친지, 또는 참예한 사람들이 흙을 덮어도 무방하다. 취토가 끝난 다음에 일꾼들이 성분한다.)

〈화장할 경우에 드리는 기도〉

산 자와 죽은 자의 주가 되시는 하나님 아버지, 주님께서는 없는 데에서 있게 하시고 죽은 자를 살리시는 전능의 하나님이십니다.

주님의 크신 뜻과 은혜를 따라 부르심을 입은 우리들의 형제(자매) OOO 씨의 시신을 전능하신 주님의 손에 맡기옵고, 흙을 흙으로 티끌을 티끌로 돌리옵니다. 주님께서 주셨사옵고 주님께서 거두시는 줄 믿습니다. 거룩하시고 전능하신 주님, 형제(자매)의 육신은 지금 우리 앞에서 사라지고 있사오나 신실하신 주님의 약속이 이루어지는 날 영광스러운 몸으로 다시 살아나 주님의 나라에 임할 것을 믿습니다.

하나님 아버지, 육신의 이별 때문에 슬퍼하는 저희를 불쌍히 여기시사 우리로 하여금 성령님의 위로를 통하여 그리스도의 부활의 희망을 바라볼 수 있게 하여 주옵소서. 죽음을 이기시고 부활의 첫 열매가 되신 예수님의 이름으로 기도합니다. 아멘.

1) 설교-다시 사는 사람(요5:24-29 고전15:50-58)

사람은 세상에 왔다가 떠나가게 됩니다 세상에서 오래 살기 원하지만 자기 생명을 자기 마음대로 하지 못합니다. 높은 사람도 가고 낮은 사람도 갑니다. 유식한 이도, 무식한 이도 갑니다. 다 세상을 떠나갑니다. 세상을 떠난 이는 땅에 장사합니다.

우리는 장사한 그를 세상에서 다시 만나지 못합니다. 세상 사람은 영결이라고 합니다. 영원한 작별이라는 뜻입니다.

그러나 예수님이 재림하시게 되면 죽었던 사람이 다시 살아난다고 성경은 우리에게 가르쳐 주셨습니다. 사람이 달나라에 갈 것을 누가 믿었습니까? 이제는 다 믿게 되었습니다. 사람이 달나라에 갔다 올 수 있다고 하면 하나님이 죽은 사람 살리는 것은 쉬운 일입니다.

다시 사는 사람의 길은 두 가지입니다. 하나는 생명의 부활입니다. 다른 하나는 심판의 부활입니다. 믿는 사람은 생명의 부활을 받게 됩니다. 여러분에게 이 신앙이 있습니까? 하나님을 믿다가 하나님의 뜻대로 생명의 부활에 참예합시다.

이제 우리가 성도의 관을 땅에 내려놓았습니다. 우리는 그의 죽음을 섭섭히 여겨 슬픈 얼굴로 서 있습니다. 그러나 우리도 얼마 후에는 이와 같은 하관식을 가지게 됩니다. 이미 가신 이가 믿음을 지키고 달려갈 길을 다 갔음으로 하나님께로 돌아간 것을 생각하며, 여러분도 하나님의 뜻대로 살도록 힘쓰기를 바랍니다.

하나님께서 그의 유족들과 함께 하시기를 빕니다.

2) 설교-돋는 풀 같이(시 90:1-6)

하나님은 때가 되면 주의 백성들을 다 하늘나라로 부르십니다.

믿음으로 사시던 고인도 하나님의 부르심으로 그의 영혼은 하늘나라로 가시고 그 시체를 이 땅에 매장하고자 합니다.

주께서 사람을 티끌로 돌아가게 하십니다. 주의 목전에는 천 년이 지나간 날도 어제 같으며 밤의 한 경점 같다고 했습니다.

그러나 저희는 잠깐 지는 것 같으며 아침에 돋는 풀 같이 다시 돋아날 때가 있습니다. 영생의 부활의 날이 옵니다.

예수님께서는 죽은 사람을 보실 때 "죽은 것이 아니라 잔다"고 하셨습니다. 죽고 산 것을 분간할 줄 몰라서 이러한 말씀을 하신 것이 아닙니다. 예수님은 죽은 사람을 부활시킬 수 있는 능력이 계신 생명의 지배자이시고 주인공이십니다.

생명의 주인공이 재림하실 때 죽은 성도가 먼저 일어나고 살아남은 성도가 영접하게 됩니다. 주의 재림하시는 그 날을 소망하며 믿음 안에 삽시다.

7. 성묘식

7.1 성묘예식

1) 성묘의 의미

성묘는 고인이 되신 부모님이나 가족의 묘소를 찾아가서 고인을 추모하며 묘소를 돌봄으로써 효도와 인륜의 도를 실천하고, 신앙을 돈독히 하는 계기가 되므로 아름다운 한국인의 미풍양속이다. 성묘는 고인의 기일을 전후하여 하는 성묘와 한식, 추석 등 민속명절에 묘소를 찾아가 주위를 깨끗하게 정돈하고, 잔디를 돌보는 성묘가 있다.

2) 성묘 예식 준비

① 각 가정에서 추모제를 지낸 후, 그 날이나 추모제 날을 전후하여 적당한 날을 잡아 성묘할 수 있다. 민속명절을 전후한 성묘 경우도 마찬가지이다.

② 추모제 날을 전후한 성묘는 묘소에서 직접 추모제를 드리는 경

우와, 추모제는 가정에서 드렸으므로 성묘는 간략한 예식을 갖추는 경우가 있겠다. 추모제를 직접 묘소에서 가족들이 모여 드리는 경우는 "추모제 예식순서"대로 한다.

③ 추모제를 가정에서 드린 후, 성묘순서는 아래의 예식순서를 지침으로 삼고 각 가정의 형편에 따라 참작하여 진행한다. 민속명절(한식, 추석, 설날 등)을 전후한 성묘 때에는 모든 순서는 같으나 봉독하는 성구나 찬송가 선택을 할 때 감사, 소망, 신앙의 다짐을 가르치는 성구와 찬송가를 선택한다.

④ 묘소에 도착하여, 우선 묘소 주위를 살피고 주위를 정돈하며, 벌초해야 할 경우엔 먼저 벌초한다.

⑤ 묘소 주위가 정돈되면 성묘 간 가족들은 묘 앞에 자리를 잡고 앉거나 묘를 향해 둘러선 채로 다음 같은 순서로 성묘의 예를 진행한다.

⑥ 명절에 가정에서 드리는 차례의 가정예식 순서도 이에 준하여 한다.

7.2 성묘 예식순서(1)

1) 헌화

가족 대표가 준비한 꽃다발을 묘소 앞에 올린다.

2) 묵상기도 또는 재배

헌화 한 후 온 가족이 함께 고인을 생각하면서 하나님께 묵상 기도한다.

3) 찬송

인도자 / 찬송가 460장을 함께 부릅시다.
(고인이 좋아하던 다른 찬송가를 불러도 좋다.)
찬송가 431장 "내주를 가까이 하려 함은"
찬송가 543장 "저 높은 곳을 향하여"

4) 사도신경을 함께 고백함

인도자 / 우리 다함께 사도신경으로 우리 신앙을 고백합시다.
다함께 / 전능하사 천지를 만드신 하나님 아버지를 내가 믿사오며, 그 외아들 우리 주 예수 그리스도를 믿사오니, 이는 성령으로 잉

태하사 동정녀 마리아에게 나시고, 본디오 빌라도에게 고난을 받으사, 십자가에 못박혀 죽으시고, 장사한 지 사흘만에 죽은 자 가운데서 다시 살아나시며, 하늘에 오르사, 전능하신 하나님 우편에 앉아 계시다가, 저리로서 산 자와 죽은 자를 심판하러 오시리라.

성령을 믿사오며, 거룩한 공회와 성도가 서로 교통하는 것과 죄를 사하여 주시는 것과, 몸이 다시 사는 것과 영원히 사는 것을 믿사옵나이다. 아멘.

5) 성경봉독

인도자 / 시편 23편을 교독하시겠습니다.

인도자 / 여호와는 나의 목자시니

다함께 / 내게 부족함이 없으리로다

인도자 / 그가 나를 푸른 풀밭에 누이시며

다함께 / 쉴만한 물 가로 인도하시는도다

인도자 / 내 영혼을 소생시키시고

다함께 / 자기 이름을 위하여 의의 길로 인도하시는도다

인도자 / 내가 사망의 음침한 골짜기로 다닐지라도 해를 두려워하지 않을 것은

다함께 / 주께서 나와 함께 하심이라. 주의 지팡이와 막대기가 나를 안위하시나이다

인도자 / 주께서 내 원수의 목전에서 내게 상을 차려 주시고

다함께 / 기름을 내 머리에 부으셨으니 내 잔이 넘치나이다

인도자 / 내 평생에 선하심과 인자하심이 반드시 나를 따르리니
다함께 / 내가 여호와의 집에 영원히 살리로다.

혹은 다음 성구 중 한 곳을 택하여 인도자가, 혹은 온 가족이 한
목소리로 성구를 봉독하거나 한 구절씩 교독하면서 은혜와 위로를
받는다.
시편 90:1-12 / 잠언 3:1-10
요한복음 14:1-11 / 누가복음 20:34-40
로마서 8:1-11

6) 가족 대표기도

인간의 생사 화복을 주장하시는 아버지 하나님, 주 예수 그리스도
의 은혜와 성령의 인도하심으로 슬픔과 절망의 그늘 속에서도 믿음
과 희망을 가지고 살게 하심을 감사드립니다.

오늘은 우리 나라의 전통적인 추석 명절을 맞이하여 저희 온 가족
들이 선조들을 안장한 묘소에 와서 그분들을 추모하며 하나님께 예
배를 드립니다.

용서의 하나님, 저희가 선조들을 통한 아버지의 큰 뜻을 헤아릴 수
없어 그 뜻을 받들지 못하였음을 고백합니다. 저희 각자가 선조들에
게 다하지 못한 모든 불효와 불성실을 마음 아프게 생각하며 저희의
부족함을 고백하오니 용서하여 주시옵소서.

자비로우시며 은혜가 충만하신 하나님 아버지, 여기 저희 죽은 이

나 산 이들 모두에게 하늘의 영원한 복음을 허락하여 주시옵소서. 그리하여 저희로 하여금 주 예수 그리스도 안에서 성령의 인도하심을 받아 고인의 삶을 영원히 이어 가며 하나님의 뜻을 이 땅 위에 널리 펴는 새로운 은혜를 주옵소서.

주 예수 그리스도의 이름으로 기도드립니다. 아멘.

7) 주기도

인도자 / 주님께서 가르쳐주신 기도를 다함께 드리므로 예식을 마치겠습니다.

다함께 / 하늘에 계신 우리 아버지여, 이름이 거룩히 여김을 받으시오며, 나라가 임하시오며, 뜻이 하늘에서 이루어진 것 같이 땅에서도 이루어지이다.

오늘 우리에게 일용할 양식을 주시옵고, 우리가 우리에게 죄 지은 자를 사하여 준 것 같이 우리 죄를 사하여 주시옵고, 우리를 시험에 들게 하지 마시옵고, 다만 악에서 구하시옵소서.

대개 나라와 권세와 영광이 아버지께 영원히 있사옵나이다. 아멘.

8) 음식을 나눔

묘소 앞에서 준비한 음식을 가족들이 나누어 먹으면서 고인을 추모하는 이야기를 나누며, 가족들의 신앙생활을 돌아보면서 나, 동기간의 정을 쌓는다.

〈기도문〉

① 사랑이 풍성하신 하나님, 저희가 지금 고 OOO 씨(아버님, 어머님)의 지난날을 추모하면서 가족들(친지와 교우들)이 한자리에 모였습니다. 가신 분이 과거에 살아 계실 때에 행한 모든 일을 다시 한 번 생각하게 하여 주시고, 그가 하고자 하였으나 하지 못한 것을 자손들로 하여금 성취하게 하여 주옵소서.

사람의 일생은 하루아침에 있다가 없어지는 안개와 같습니다. 모든 육체는 풀과 같고 그 모든 영광이 풀의 꽃과 같다고 하셨습니다. 세상의 부귀영화와 풀의 꽃과 같아서 풀은 마르고 꽃은 떨어지는 것처럼 육체도 죽고, 육체의 영광도 잠시 뿐임을 저희로 잊지 않게 하옵소서. 하나님을 믿는 성도에게는 영생이 있다고 하셨사오니, 저희는 부활하여 영생에 들어가는 것을 소망 가운데 바라보며, 가신 분의 모범적인 신앙의 본을 다시 되새기게 하여 주시고, 온 가정에 하늘의 복과 평화와 사랑을 부어 주시옵소서. 예수 그리스도의 이름으로 기도합니다.

② 설날 추모예식 기도

사랑하는 하나님 아버지, 참으로 감사합니다. 저희 가족들에게 건강을 주신 것 감사합니다. 저희 가족들이 이렇게 한자리에 만날 수 있도록 하심을 감사드립니다. 웃어른들의 은공과 덕망이 항상 저희 마음에 살아있게 하옵소서. 저희 후손들은 여러 가지 어려운 처지에서도 좌절하지 않고 참고, 참으신 조상들의 그 인내를 배우게 하옵소서. 겸손히 사시던 조상들의 그 덕망을 저희도 본받게 하옵시고, 그 어른들이 못다 이룬 선하고 큰일들을 저희 후손이 다 이루도록 자손들에게 지혜와 능력을 내리시옵소서.

금년의 마지막 날까지 하나님의 지키심과 보호하심이, 항상 함께 하옵소서.

예수님의 이름으로 기도 하옵나이다. 아멘.

③ 인간의 생사화복을 주장하시는 하나님 아버지, 조상들의 삶을 통해 역사 하신 하나님의 은총을 기억하면서 주님 앞에 기도합니다.

이 세상에 오셔서 주어진 일을 하시다가 때가 되어 하나님 아버지의 나라로 부름 받아 가신 분들이 지금도 안식하고 계심을 믿습니다. 이 땅에 계시는 동안 저희 후손들을 위해 한 알의 밀알이 되어 온갖 수고와 헌신을 아끼지 아니했기에 이 땅에 반드시 삼십 배, 육십 배, 백 배의 결실이 나타날 줄 믿습니다. 오늘 저희가 누리고 있는 것들이 먼저는 하나님의 은혜요, 또한 먼저 가신 분들의 희생임을 믿습니다.

주님, 어른들(혹은 부모님)께서 세상에 계실 때 행하신 아름다운 일들과 교훈을 기억합니다. 그러나 그분들이 하고자 하셨으나 이루지 못하신 일들이 있다면 저희들로 하여금 꼭 성취할 수 있도록 능력을 주옵소서. 특별히 괴로우나 즐거우나 주님만 의지하고 사셨던 그분들의 일생을 추모하며 저희들도 신앙의 용사가 되게 하시고, 이웃과 교회 그리고 이 사회를 위해 헌신하는 자들이 되게 하여 주옵소서.

주님, 저희가 언제 이 땅을 떠날지 모르기에 더욱 최선을 다해 하나님의 뜻을 받들어 살게 하시고, 저희가 먼저 좋은 이웃이 되게 하시고, 사랑과 은혜가 넘치는 모범적인 가정을 이루게 하옵소서. 특별히 어른들을 잘 받들어 모시는 효도하는 가정 되게 하여 주옵소서. 예수 그리스도의 이름으로 기도 하옵나이다. 아멘.

④ 영원부터 영원까지 살아 계셔서 인간의 생사화복을 주관하시는 하나님 아버지, 오늘은 OOO 씨를 주의 나라로 불러 가신 날이므로(혹은 우리 조상 대대로 지켜오는 명절이므로) 이를 추모하기 위하여 저희가 한 자리에 모였사오니 저희를 긍휼히 여기사 주님의 위로와 하늘의 평강으로 채워주시기를 간구합니다.

자비하신 하나님, 저희들이 하나님 앞에서 뿐 아니라, 저희의 육신의 부모님에게도 잘못한 것이 많이 있었던 것을 통회하오니 용서하여 주시옵고, 더욱 굳센 믿음으로 채워 주셔서 자손 만대로 하나님의 은총을 누리게 하여 주시기를 기도합니다. 저희들로 하여금 땅만 내려다보고 슬퍼하지 않게 하시고, 심령의 눈을 밝히사 하늘의 영광을 능히 쳐다보고 영원한 소망을 가지게 하여 주시옵소서.

저희가 이 땅에 나그네로 사는 동안 이웃과 더불어 평화롭게 살게 하시며, 이 땅에 하나님의 나라를 세워나가도록 저희의 믿음을 굳게 하여 주시옵소서. 저희의 가문이 모두 그리스도 안에서 구원받아 하나님께 영광 돌리며 이웃과 더 나아가 민족을 위하여 봉사하게 하여 주시옵소서.

예수 그리스도의 이름으로 기도합니다. 아멘.

7.3 첫 성묘예식 순서(2)

1) 지침

유족들이 마음을 가다듬을 여유를 가진 후에 묘지를 찾는 일을 첫
성묘라고 한다. 일반적으로 장사한 지 사흘째 되는 날을 택하나 주
일을 피해 유족들이 편한 날을 택할 것이다. 유족끼리 묘를 정돈하
고 하나님께 예배를 드린다.

2) 첫 성묘 순서

신앙고백 ························· 사도신경 ························· 다같이
찬송 ························· 231장 ························· 다같이

고인이 즐겨 부르던 것이면 좋을 것이다

기도 ··· 맡은이
성경 ························· 고후 5:1-10 ························· 맡은이

고인이 애송하던 구절이나 임종 시에 낭독했던 구절을 다시 읽
어 고인을 회상하는 것은 뜻이 있을 것이다.

찬송 ························· 230장 ························· 다같이

마침기도 ·· 다같이

* 장례의 모든 행사는 첫 성묘로써 끝나는 것을 원칙으로 한다.

7.4 첫 성묘 예배(3)

1) 첫 성묘(省墓) 참고사항

첫 성묘는 장례를 지내고 3일만에 가는 것이 일반적 상례(喪禮)이다. 그러나 신자들은 주일을 피해서 유족들이 다 가기 편리한 날을 택해야 할 것이다.

불신자들은 유교식으로 첫 성묘 가는 것을 삼우제(三虞祭)라고 흔히 말하는데, 우제(虞祭)란 혼백(魂魄)을 편안히 모신다는 뜻으로 지내는 제사이다.

초우제(初虞祭)는 장례를 마치고 묘소에서 돌아온 날 지내는 제사요, 재우제(再虞祭)는 장사 지낸 이튿날 지내는 제사요, 삼우제(三虞祭)는 장사 지낸 삼 일에 첫 묘소에 가서 드리는 제사이다. 그러나 교인들은 삼우제라고 하지 않고 첫 성묘라고 한다. 첫 성묘에는 유족들이 마음의 슬픔을 절제하고 마음을 가다듬은 다음에 묘지를 찾아가 묘역(墓域)을 정결하게 정돈(整頓)한 후 하나님께 예배한다.

2) 첫 성묘 예배순서

마음의 준비

묘역을 깨끗이 정돈하고 무덤을 중심으로 유족과 친지들이 앉을 자리를 펴고 자리에 앉되 유족들은 무덤 하단에 앉고 하나님의 은혜와 고인을 묵상하면서 마음의 준비를 해야 한다.

찬송 ·························· 231, 228장 ·························· 다같이

혹 고인이 즐겨 부르던 찬송

기도 ··· 맡은이

우리 인생들의 생사와 화복을 주장하시고 슬픔 당한 자에게 위로를 주시는 하나님 아버지의 은혜를 감사하옵나이다.

몇 날 전에 우리의 육신의 아버지(및 어머니 및 형제 혹 남편)을 OO 년에 이 땅에 보내셨다가 OO 년을 일기로 하고 하나님이 그 영혼을 하나님 나라로 불러 가셨음으로 그 유해를 이 곳에 장사하고 집에 돌아갔다가 오늘 아버님(및 어머님 및 형제님)의 묘소를 성묘하게 되었사오니 감사하옵나이다. 오 주님이시여, 비옵나니 사랑하는 유족들과 여기에 둘러 앉은 우리 모두의 슬픔을 위로하여 주옵소서. 거룩하신 하나님, 우리 피차 삶과 죽음 이곳과 저곳으로 갈라져 있사오나 주님 재림하시는 날 우리 모두 부활하여 기쁨으로 다시 만날 믿음과 소망을 주옵소서. 예수님의 이름으로 기도하옵나이다. (아멘)

성경 ·························· 요 5:24-29 ·························· 맡은이
신앙고백 ·························· 사도신경 ·························· 다같이
찬송 ·························· 22, 230장 ·························· 다같이
주기도 ··· 다같이

7.5 장례예식 해설

지침

(1) '영원히 보지 못한다'라는 의미의 '영결식'이라는 용어는 사용하지 않는다.

(2) 장례는 3일장을 원칙으로 하고, 장례일이 주일이 되지 않게 2일장 또는 4일장으로 조절할 수 있다.

(3) 장례식장은 형편이 허락하면 교회당이 좋으나 가정이나 병원도 무방하다. 특별히 목회자나 직분자들은 교회에서 행하는 것이 바람직하다.

(4) 교회당에서 장례예식을 행하는 경우, 성찬대의 위치에 구를 모시도록 준비한다. 구가 교회 밖에 오면 목사가 구를 맞이하여, 그 구를 모실 자리까지 인도한다. 구가 교회 안으로 들어올 때 조문객들은 정중히 일어나 맞이한다.

(5) 구를 정한 자리에 모시고 장례 순서를 맡은 이와 유가족은 구 옆에 자리를 정해야 한다. 형편에 따라 호상, 운구위원, 찬양대, 조문객의 위치를 적절히 배치한다.

(6) 장례식 순서를 맡은 분들은 미리 정해서 알리고, 가급적 순서지를 작성해서 조문객에게 나누어 주는 것이 좋다.

(7) 장례식은 정중하고 엄숙해야 한다.

(8) 검정 리본을 준비해서 조문객에게 부착하도록 한다.

(9) 운구위원들은 가급적 교인으로 하고, 운구행렬은 사진(영정), 집례자, 영구, 상제, 친족, 문상객 순으로 구성한다.

(10) 운상 시에도 인위적인 울음이나 곡은 삼가고, 찬송을 부르며 행진한다.

(11) 상여를 사용할 때에는 간결하게 꽃을 장식한다.

7.6 장례예식 순서(1)

예식사 ···································· 집례자

지금부터 고 OOO 씨의 장례식을 거행하겠습니다. 조객 여러
분은 정중한 조의와 엄숙한 마음으로 이 식에 임해 주시기 바
랍니다.

기도 ····································· 집례자

생명의 근원이 되신 하나님, 우리의 형제 고 OOO 씨의 장례식
을 위해 이 자리에 모였사오니 부활의 주님께서 임재하시어 우
리를 위로해 주소서. 오늘 이 자리의 장례식이 하늘나라로 이어
지는 출발식이 되게 하시고, 영원과 이어지는 순간이 되게 하소
서. 그리하여 여기 모인 우리 모두에게 넘치는 위로와 희망과 용
기를 주소서. 예수님의 이름으로 기도드립니다. 아멘.

찬송 ············ 고생과 수고가 다 지난 후(610장) ·········· 다같이
성경 ···················· 계 21:1-4, 23-27 ···················· 집례자
설교 ······························ 죽음이란 ···························· 집례자

죽음은 삶의 종말입니다. 사랑에 넘친 삶이든, 삭막한 삶이든
죽음으로써 종지부를 찍습니다. 사람은 태어나서 언젠가는 반

드시 죽게 마련입니다. 죽음은 어느날 갑자기 젊은 목숨을 잔인하게 빼앗아 가는가 하면 천수를 다 누린 늙은이를 평안하게 그 품속으로 받아들이기도 합니다.

죽음이란 생리적으로 볼 때 호흡이 그치고, 동공이 벌어지고, 맥박이 멎고, 심장이 고동을 멈추는 상태를 말합니다. 하지만 "나에게 있어서 죽음이란 무엇인가?" 라는 물음은 결국 살아있는 나에게 있어서 죽음은 무엇을 의미하는가를 묻는 것입니다. 결국 죽음에 대한 물음은 곧 삶에 대한 물음인 것입니다.

현대문명은 오락, 취미, 물질에 대한 욕구 등을 총동원하여 되도록 죽음을 잊어버리라고 가르치고 있으나 현대인들은 중세 수도사들의 표어처럼 "죽음을 기억하라"는 말을 더욱 가치있게 기억해야 합니다. 솔로몬은 "죽음에 임박해서 세상 사람이 가는 모든 길로 나도 간다."고 증언했습니다. 우리가 영원을 준비하고, 죽음 저 건너편에서 주님을 만날 준비를 하고, 하늘나라에 대한 확신과 위대한 소망을 간직할 수 있다면, 죽음은 그리스도인들에게 있어서 가장 위대한 소망이 됩니다.

빌립보서 1:22-23에서 사도바울은 "그러나 만일 육신으로 사는 이것이 내 일의 열매일진대 무엇을 택해야 할지 나는 알지 못하노라 내가 그 둘 사이(삶과 죽음)에 끼었으니 차라리 세상을 떠나서 그리스도와 함께 있는 것이 훨씬 더 좋은 일이라 그렇게 하고 싶으나" 라고 말했습니다. 바울은 죽음이란 육체를 버리고 나를 구원하신 주님께로 가는 것, 즉 예수 그리스도를 만나게 해주는 사건인 것을 알았습니다. 죽음은 내가 찬양하는 그 주님 앞에 얼굴을 맞대고 영광스럽게 서게 되는 만남입니다. 그래서 죽음은 마침표가 아니라 다른 존재 양식입니다.

7.7 장례예식 순서(2)

예식사 ·· 집례자

(집례자는 장례식장의 위치에 따라 유족과 조문객을 좌정시킨 후 "지금부터 고 ○○○ 씨의 장례식을 거행하겠습니다. 엄숙한 마음으로 이 식에 다함께 참여하시기 바랍니다." 라고 예식사를 한 후에 엄숙히 예식을 인도해야 한다.)

기원 ············ 요 11:25-26, 고후 1:3-4 ···················· 집례자
찬송 ························ 479, 606, 607장 ·················· 집례자

"괴로운 인생길 가는 몸이"(479장)
"해보다 더 밝은 천국"(606장)
"내 본향 가는 길"(607장)

기도 ··· 맡은이

(집례자나 동참한 목회자 혹은 장로가 기도한다. 기도문을 먼저 작성함이 좋을 것이다.)

성경봉독 ·· 집례자

욥 14:1-2, 9:25-26, 사 40:6-8, 전 1:2, 8:8,

살전 4:14, 요 11:25

설교 ···················· 영원한 생명 ························· 집례자

조가 ················· 고인이 즐겨 부르던 찬송 ··············· 맡은이

고인약력 ·· 맡은이

조사 ··· 맡은이

찬송 ··· 다같이

"저 높은 곳을 향하여"(491장)

"저 좋은 낙원 이르니"(245장)

"보아라 즐거운 우리 집"(235장)

축도 ··· 목사

(식을 마친 후 집례자는 회중에게 유가족을 만나 인사하도록 하고, 운구할 때에 집례자가 앞에 서고 유가족이 뒤에 따른다. 상복은 한복일 경우에는 흰 의복에 상장을 가슴에 달고, 양복일 경우에는 검은 양복에 와이셔츠와 검은 넥타이, 검은 구두를 신고 상장을 가슴에 단다.)

인사와 광고 ··· 맡은이

7.8 장례예식 순서(3)

예식사 ·· 집례자

"지금부터 고 ○○○ 씨(성도, 직분명)의 장례예식을 거행하겠습니다. 조문객 여러분은 정중한 조의와 엄숙한 마음으로 식에 참여해 주시기 바랍니다.

기도 ·· 집례자

예1) 사망의 음침한 골짜기에서도 우리의 삶을 돌보시며 밝은 곳으로 인도하신 하나님을 찬양합니다. 사랑하는 고 ○○○ 씨(성도, 직분명)의 장례식을 위해 이 자리에 모인 우리가 생명에 대한 섭리가 하나님에게 있음을 깨닫게 하시고, 슬픔이 위로가 되며, 절망이 소망이 되는 시간이 되게 하소서. 예수 그리스도의 구원의 사건이 고인뿐만 아니라 우리 모두에게도 온전히 회복되는 시간이 되게 하소서. 성령님의 인도하심을 통해 이 자리가 끝을 의미하지 않고, 영생의 새로운 시작이 되게 하소서. 예수 그리스도의 이름으로 기도드립니다. 아멘.

예 2) 나는 부활이요 생명이니 나를 믿는 자는 죽어도 살겠고 무릇 살아서 나를 믿는 자는 영원히 죽지 아니하리라 말씀하신 주님, 주님만이 우리의 부활과 생명 되심을 믿고 찬양합니다. 외

아들을 통해 구원의 사건을 이루신 하나님, 그동안 생명의 매순간들을 사랑과 은혜로 보살펴 주심에 감사드립니다. 이 시간 죽음 앞에서 낙망한 사람들에게 소망을 주시고, 죽음 앞에서 당황한 사람들에게 평안을 허락하시며, 죽음 앞에서 슬픔을 가누지 못하는 사람들을 위로해 주소서. 이 예식이 성령님의 인도하심으로 죽은 예배가 아니라 하나님이 기뻐하실 거룩한 산 예배가 되게 하소서. 예수 그리스도의 이름으로 기도드립니다. 아멘.

찬송 ···················· "내 본향 가는 길"(607장) ················ 다같이
기도 ··· 맡은이

(교회의 다른 회중 중에서 정한다.)

성경봉독 ··· 맡은이

(욥 14:1-2, 사 40:6-8, 전 1:2, 8:8, 요 11:21-26, 살전 4:13-14 등을 참고한다.)

설교 ·························영원한 본향 ···························· 집례자
찬송 ··· 다같이

(가능한 고인이 즐겨 부르던 찬송으로 한다.)

고인약력 소개 ·· 맡은이

    (세상적인 내용보다는 신앙생활과 교회에서의 섬김에 대해 기록 또는 영상을 통해 소개한다.)

조사 ·· 맡은이

    (먼저 맡은 이가 고인에 대한 기억들을 추려서 전달한다. 상황이 허락된다면, 자유롭게 일어서서 고인에 대한 의미 있는 기억들을 나눌 수 있다.)

찬송 ············· "저 좋은 낙원 이르니"(245장) ··············· 다같이
축도 ·· 목사

    (축도 앞에 하나님께 고인을 맡기는 간단한 기도를 올릴 수 있다.)

인사 ·· 맡은이

    (호상 또는 유가족의 대표가 나와서 감사 인사를 하고, 남은 절차에 대해 광고한다.)

7.9 불신자 장례예식 순서

예식사 ·· 집례자

지금부터 고 ○○○ 씨의 장례식을 거행하겠습니다. 조문객 여러분은 정중한 조의와 엄숙한 마음으로 식에 참여해 주시기 바랍니다.

기도 ·· 집례자

우리의 생명을 주관하시는 하나님, 이 시간 고 ○○○ 형제(자매)를 보내면서, 우리의 삶과 죽음도 모두 하나님의 것임을 고백합니다. 세상의 모든 영화와 부귀를 얻었던 솔로몬이 그 헛됨을 깨달은 것처럼, 우리 역시 삶 속에서 하나님을 의지하지 못하는 모든 삶의 영화가 죽음으로 헛되이 사라짐을 깨닫습니다. 비록 하나님을 깨닫지 못하고 세상을 떠난 형제(자매)이지만, 올바르게 살아왔던 삶의 모습을 기억하여 주소서. 여기 그(그녀)를 사랑하는 가족들이 있습니다. 그들의 슬픔을 위로하시고 좀더 주님께 다가가는 기회가 되도록 인도하소서. 예수 그리스도의 이름으로 기도드립니다. 아멘.

찬송 ················· "나의 갈 길 다가도록"(384장) ·············· 다같이
성경봉독 ·· 맡은이

(욥 14:1-2, 사 40:6-8, 전 1:2, 8:8, 요 11:21-26, 살전 4:13-14 등을 참고한다.)

권면과 위로 ·· 집례자

이 세상 모든 일에는 처음이 있으면 마지막이 있습니다. 들에 피어 있는 풀과 꽃을 생각해 보십시오. 싹을 틔우고 아름답게 꽃을 피우는 때가 있는가 하면, 그 아름다운 것들이 시들고 말라 버릴 때가 있습니다. 아무리 아름다운 꽃이라도 영원하지 않기 때문입니다. 이것이 자연의 순리요, 하늘이 정해 준 법칙입니다. 사람도 역시 마찬가지입니다. 이 땅에 태어나는 순간이 있으면 이 땅을 떠나야 할 때가 있습니다. 아무리 위대한 사람이라도, 아무리 아름다운 사람이라도 이 땅에서 영원히 살 수는 없는 것입니다. 오늘 고인께서는 마지막 길을 걸어가셨습니다. 아무도 피할 수 없는 길, 누구나 한 번은 가야만 하는 마지막 그 길을 고인이 먼저 걸어가신 것입니다.

인생의 마지막 종착역에서 사람들은 허무하다고, 덧없다고 말합니다. 잡았는가 싶으면 저 멀리 도망가 버리고, 얻었는가 싶으면 잃어버리는 것이 우리의 인생이기 때문입니다. 그런가 하면 죽음의 문턱을 바라보고 나서야 사람들은 인생의 연약함을 깨닫게 됩니다. 아무리 강하고, 아무리 건강한 사람도 죽음의 문턱에 서면 자기가 깨지기 쉬운 토기그릇과도 같다는 사실을 알게 됩니다.

이처럼 허무하고 연약한 인생들을 향해 성경은 말합니다. "하나님의 말씀은 영원하다." 그렇습니다. 하나님은 영원하십니다. 처음과 끝이 되시는 분, 세상이 변하고 사람들은 변해도 영원토록 변하지 않는 분, 우리 하나님은 영원하십니다. 우리의 덧없는 인생살이는 영원하신 하나님 안에 거할 때에 영원한 소망을 가질 수가 있습니다. 그러므로 오늘 이 자리에 모인 여러분 모두는 영원하신 하나님 안에 거하시기 바랍니다.

조가 ·· 맡은이
고인 약력소개와 회고 ······························· 맡은이

(고인의 덕행을 중심으로 소개한 후, 상황이 허락된다면 자유롭게 일어서서 고인에 대한 의미있는 기억들을 나눌 수 있다.)

찬송 ··········· "내 구주 예수를 더욱 사랑"(314장) ··········· 다같이
축도 ·· 목사

(축도 앞에 하나님께 고인을 맡기는 간단한 기도를 올릴 수 있다.)

인사 ·· 맡은이

(호상 또는 유가족의 대표가 나와서 감사 인사를 하고, 남은 절차에 대해 광고를 한다.)

7.10 어린이 장례예식 순서

예식사 ·· 집례자

하나님께서 사랑하는 ○○○ 어린이를 하나님 나라로 부르셨습니다. 조객 여러분은 정중한 조의와 엄숙한 마음으로 식에 참여해 주시기 바랍니다.

기도 ·· 집례자

어린아이들을 지극히 사랑하시고, 우리에게도 어린아이와 같이 되라고 말씀하신 주님, 생명을 다스리시는 주님의 섭리 앞에 우리의 능력과 뜻이 보잘 것 없음을 깨닫습니다. "나는 부활이요 생명이니 나를 믿는 자는 죽어도 살겠고 무릇 살아서 나를 믿는 자는 영원히 죽지 아니하리라."고 하신 말씀을 믿고 이 시간 의지하는 마음으로 사랑하는 아이 ○○○를 주님의 손에 의탁합니다. 이 시간 죽음 앞에서 낙망한 사람들에게 소망을 주시고, 죽음 앞에서 당황한 사람들에게 평안을 허락하소서. 죽음 앞에서 슬픔을 가누지 못하는 사람들을 위로해 주소서. 이 예식이 성령님의 인도하심으로 죽은 예배가 아니라 기뻐하실 거룩한 산 예배가 되게 하소서. 예수 그리스도의 이름으로 기도드립니다. 아멘.

찬송 ················ "예수께서 오실 때에"(564장) ·············· 다같이
성경봉독 ·· 맡은이

(욥 14:1-2, 사 40:6-8, 전 1:2, 8:8, 요 11:21-26, 살전 4:13-
14 등을 참고한다.)

권면과 위로 ······································· 집례자

인생에서 경험은 냉혹한 선생입니다. 성경의 많은 사람들은 피할 수 없는 고난 속에서 주님을 통해 위로와 평안을 얻었습니다. 오늘 우리는 ○○○ 어린이를 하나님께 먼저 보내는 쓰라린 아픔의 시간을 지나고 있습니다. 비록 짧은 시간을 이 땅에서 살았지만 ○○○ 어린이가 가족에게 남겨 준 아름다운 기억들은 세상의 누구보다도 많을 것입니다. 또한 가족들도 아이에게 다 해주지 못한 많은 것들이 가슴에 남을 것입니다. 하나님께서 이러한 삶의 아픈 사건을 주신 이유를 우리는 다 알지 못하지만, 가족들이 아이를 통해 남겨 준 아름다운 기억과 다 해주지 못한 사랑을 이 땅에 나누어 주어야 한다는 것을 깨달으시길 소망합니다. 성경은 우리의 삶이 시드는 꽃과 같고 그림자와 같다고 증거합니다. 그러나 우리를 향한 하나님의 사랑과 하나님을 향한 우리의 믿음은 결코 시들거나 사라지지 않을 것입니다.

찬송 ················ "너 근심 걱정 말아라"(382장) ·············· 다같이

축도 ·· 목사

(축도 전 기도는 반드시 예수님의 이름으로 마무리를 짓고 축
도한다.)

인사 ·· 맡은이

(호상 또는 유가족의 대표가 나와서 감사 인사를 하고, 남은 절
차에 대해 광고를 한다.)

7.11 하관예식 해설

1. 지침

(1) 하관은 장의차나 상여에서 구를 내려 광중(壙中, 구를 묻기 위해 파 놓은 구덩이)에 넣은 절차이다.

(2) 광중 지실(地室)은 사전에 의뢰하고, 장례예식 전에 미리 확인해 두어야 한다.

(3) 구가 장지에 도착하면 묘소 가까운 곳에 구를 안치하고, 유족은 구가 가까이 있는 곳에서 조문객들의 문상을 받는다.

(4) 산역이 끝나고 지실이 조성되었으면 구를 지실로 운구한다. 이때 운구위원들은 정중히 운구하고 봉띠를 풀어 그 줄로 하관한다.

(5) 하관을 한 다음 관이 움직이지 않게 주위를 흙으로 채우며 관위에 명정으로 덮고 하관식을 거행한다.

(6) 집례자는 지실 위쪽에 고인의 사진을 든 사람과 함께 묘소 중심에 서고, 상주와 유족은 지실 오른쪽에 서며, 조객들은 왼쪽이나 그 뒤에 서게 한다.

(7) 취토(흙을 구 위에 뿌리는 행위)할 때에는 집례자가 한 후 유가족, 조문객 순으로 하되, 석관을 할 때에는 횡대를 마지막으로 덮고, 그 위에 명정으로 덮은 다음 취토를 위의 순서대로 한다.

(8) 분묘(광중을 채우고 흙으로 봉분을 만든 후 잔디를 입히는 절차)하는 것을 끝까지 보는 것이 좋으나 사정에 따라 산역하는 자에게 맡기고 하산해도 무방하다.

(9) 비석은 소박하게 하되, 전면에는 십자가 표시와 고인의 직분과

이름, 성구를 기록하고, 후면과 좌우 측면에는 고인의 생년월일, 돌아가신 연월일, 유자녀의 이름 등을 기록한다.

2. 장례 후의 일들

장례를 마친 후 문상해 주신 분들에게 서면으로 인사드리는 것이 좋다.

인사장 보기

주님의 이름으로 문안드립니다.

저희 ○○○의 장례 때 보여 주신 귀하의 사랑과 정성은 슬픔에 잠긴 저희 가족에게 큰 위로와 힘이 되었습니다. 우선 서면으로 인사를 드립니다. 앞으로도 변함 없으신 사랑을 바랍니다. 부디 주님의 은혜가 함께하시기를 빕니다.

0000년 00월 00일

상제 000

(혹은 유족) 000

3. 비석

비석은 전면에 십자가 표지와 고인의 이름을 새기고, 후면 및 좌우 측면에 고인의 생년월일, 소천 연월일, 유자녀의 이름 등을 새긴다. 성구나 묘비명을 지어 새길 수도 있다.

7.12 하관예식 순서(1)

예식사 ·· 집례자

이제부터 고 ○○○ 씨의 하관예식을 거행하겠습니다. 다같이 정숙한 마음으로 이 식에 참여합시다.

신앙고백 ··· 다같이
찬송 ············· "만세 반석 열리니"(494장) ··············· 다같이
기도 ·· 집례자

생사화복을 주장하시는 하나님, 우리는 지금 우리의 형제 고 ○○○ 씨의 시신을 이곳에 안장하고자 합니다. 그의 육신은 흙에서 왔다가 흙으로 돌아가옵고, 그의 영은 하나님께로 왔다가 하나님께로 돌아가나이다.

오 주여, 간구하오니 사랑하는 형제(자매)를 보내야 하는 유족들과 여기에 둘러선 우리 모두의 슬픔을 위로해 주소서. 주님 재림하시는 날, 우리 모두 부활하여 기쁨으로 다시 만날 소망과 믿음을 주소서. 예수님의 이름으로 기도드립니다. 아멘.

성경봉독 ···················· 요 5:24-29 ··················· 다같이
권면과 위로 ················· "부활의 소망" ·················집례자

밀알 하나가 땅에 떨어져 묻히고 썩은 후에 새 싹이 땅 위로 올라오듯이 그리스도를 믿는 자들은 육체는 이곳에 매장되어 썩지만 다시 부활할 것을 믿습니다. 예수님께서는 부활이요 생명이 되시어 이 진리를 우리에게 보여 주셨습니다. 예수님은 죽은 지 3일 만에 다시 사셨습니다. 부활의 주인공이 되신 예수님을 믿으면 우리는 마지막 예수님 재림 때에 다시 이 무덤을 깨치고 부활합니다.

여기에 있는 우리 모두가 언젠가는 죽어 땅에 묻히지만 부활의 소망을 가진 자는 영원히 죽지 않게 됩니다.

기도 ·· 집례자

전능하신 하나님, 여기에 우리의 형제(자매) 고 ○○○ 씨를 안장하였습니다. 세상의 무거운 모든 짐을 벗겨 주신 주께서 고인에게 영원한 안식을 허락하여 주소서. 이제 우리는 고인과 몸으로는 대할 수 없게 되었습니다. 그러기에 슬퍼하며 눈물짓는 유족들과 우리 모두의 눈에서 눈물을 씻겨 주시며, 우리 모두가 부활의 희망을 안고 영원한 하나님의 나라를 바라보게 하소서.

거룩하신 하나님, 우리 피차 삶과 죽음, 이곳과 저곳으로 갈라져 있으나 하나님의 뜻을 바라는 데는 하나가 되게 하시며, 성령님을 통한 친교가 항상 계속되는 은총을 베풀어 주소서. 친히 부활하심으로 우리에게 영원한 희망을 보여 주신 예수님의 이름으로 기도드립니다. 아멘.

찬송 ·········· "내 주를 가까이 하게 함은"(338장) ··········· 다같이

축도 ·· 목사

취토 ···집례자와 유족들

하나님의 부르심을 받은 우리 형제(자매) 고 ○○○씨를 여기에
안장합니다. 흙으로 된 몸은 땅에서 왔으니 땅으로 돌아갑니다.
주님 재림하시는 날, 죽은 자는 부활하고 산 자는 변화할 것을
믿으며 우리는 이렇게 고인을 안장합니다. 부활의 때까지 안식
하게 하소서. 영화로운 몸으로 다시 살 것을 확신합니다. 예수
님의 이름으로 기도드립니다. 아멘.

7.13 하관예식 순서(2)

예식사 ·· 집례자

이제 고 ○○○씨의 하관식을 거행하겠습니다.

찬송 ················ "만세 반석 열리니"(494장) ················ 다같이
기도 ·· 집례자

사랑이 풍성하신 하나님, 우리가 지금 고 ○○○씨의 하관식을
거행합니다. 그는 일찍이 세상에 와서 하나님을 믿고 자기의 본
분을 다하다가 하나님께로 돌아갔습니다. 사람이 세상에 왔다
가 세상을 떠나가는 것을 누가 피할 수 있겠습니까? 그러나 그
의 시신을 땅에 장사하게 될 때에 육신의 섭섭함을 금할 수 없
습니다. 사람이 세상에 와서 자기의 할 일을 다하고 세상을 떠
나 육신은 땅에 장사 지내지만 그의 영은 하나님께로 간 것을
믿고 위로 받습니다.

흙은 흙으로 돌아가고, 영은 하나님 앞에 가는 것을 다시 기억
하게 하여 주소서. 이 시간에 둘러서 있는 고인의 유족들에게
함께 하여 주시고, 위로하여 주시고, 소망을 주소서. 고인이 살
았을 때보다 더욱 마음과 뜻과 힘을 합하여 하나님을 공경하며,
모범적 가정이 되며, 믿음과 소망과 사랑으로 사는 가정이 되
게 하여 주시고, 이 자리에 있는 우리들도 예수님 재림하실 때

에 부활할 것을 믿게 하여 주소서. 예수님의 이름으로 기도드
립니다. 아멘.

성경봉독 ·············· 요 5:24-29, 고전 15:50-58 ··········· 집례자
권면과 위로 ···집례자

사람은 세상에 왔다가 떠나가게 됩니다. 세상에서 오래 살기를
원하지만 자기 생명을 자기 마음대로 하지 못합니다. 높은 사람
도 가고 낮은 사람도 갑니다. 다 세상을 떠나갑니다. 세상을 떠
난 이는 땅에 장사합니다.

우리는 다시 장사한 그를 세상에서 만나지 못합니다. 세상 사
람은 영결이라고 합니다. 영원한 작별이라는 뜻입니다. 그러나
예수님이 재림하시게 되면 죽었던 사람이 다시 살아난다고 성
경은 우리에게 가르쳐 주셨습니다. 사람이 달나라에 간 것을 누
가 믿었습니까? 이제는 다 믿게 되었습니다. 사람이 달나라에
갔다 올 수 있다고 하면 하나님이 죽은 사람 살리는 것은 쉬운
일입니다.

다시 사는 사람의 길은 두 가지입니다. 하나는 생명의 부활입니
다. 다른 하나는 심판의 부활입니다. 믿는 사람은 생명의 부활
을 받게 됩니다. 여러분에게 이 신앙이 있습니까? 하나님을 믿
다가 하나님의 뜻대로 생명의 부활에 참여합시다.

이제 우리가 성도의 관을 땅에 내려놓았습니다. 우리는 그의 죽
음을 섭섭히 여겨 슬픈 얼굴로 서 있습니다. 그러나 우리도 얼마

후에는 이와 같은 하관식을 가지게 됩니다. 이미 가신 이가 믿음을 지키고 달려갈 길을 다 갔으므로 하나님께로 돌아간 것을 생각하며, 여러분도 하나님의 뜻대로 살도록 힘쓰시기 바랍니다. 하나님께서 그의 유족들과 함께 하시기를 빕니다.

취토 ·· 집례자와 유족 및 친지

(횡대를 다 덮은 후 주례자, 상주, 또는 장례식에 참여한 친지 중에서 흙을 조금씩 횡대 위에 던진다. 그 후 주례자가 다음과 같이 말한다.)

전능하신 하나님께서 사랑하는 형제(자매)의 영혼을 부르사 하나님께로 돌아가게 하셨으므로 우리가 그 시체를 땅 속에 안장합니다. 흙은 흙으로 돌아가고 영은 하나님께로 돌아갑니다. 성경 말씀대로 예수님께서 재림하실 때에 모든 사람들이 죽음의 자리에서 부활하게 될 것입니다. 우리는 이제 장사 지낸 형제(자매)가 영화로운 몸으로 부활할 것을 확신합니다. 아멘.

고별기도 ·· 집례자

자비로우신 하나님, 고 ○○○씨를 장사하고 돌아가고자 합니다. 우리가 다시는 세상에서 사랑하는 고인의 얼굴을 보지 못하게 됩니다. 사람의 정으로는 섭섭함을 감출 길이 없습니다. 그

러나 믿음으로 위로를 맡습니다. 이후 부활할 것을 믿습니다. 그의 몸을 땅에 장례하고 돌아가오나 그의 유족들의 눈에서 눈물을 거두어 주시고, 이 자리에 서 있는 모든 사람의 마음에 슬픔 대신에 위로를 내려 주소서. 예수님의 이름으로 기도드립니다. 아멘.

찬송 ················· "이 천지간 만물들아"(5장) ················· 다같이
축도 ··· 목사

(취토 때 집례자만 흙을 횡대 위에 덮고, 축도 후에 유족과 친지 또는 참여한 사람들이 흙을 덮어도 무방하다. 취토가 끝난 다음에 일꾼들이 성분한다.)

※ 화장할 경우에 드리는 기도

산 자와 죽은 자의 주가 되시는 하나님, 주님께서는 없는 데에서 있게 하시고, 죽은 자를 살리시는 전능의 하나님이십니다. 주님의 크신 뜻과 은혜를 따라 부르심을 입은 우리의 형제(자매) ○○○씨의 시신을 전능하신 주님의 손에 맡기고, 흙은 흙으로, 티끌은 티끌로 돌리옵니다. 주님께서 주셨고, 주님께서 거두시는 줄 믿습니다. 거룩하시고 전능하신 주님, 형제(자매)의 육신은 지금 우리 앞에서 사라지고 있으나 신실하신 주님의 약속이 이루어지는 날 영광스러운 몸으로 다시 살아나 주님의 나라에 임할 것을 믿습니다.

자비로우신 하나님, 육신의 이별 때문에 슬퍼하는 저희를 불쌍히 여기사 우리로 하여금 성령님의 위로를 통하여 그리스도의 부활의 희망을 바라볼 수 있게 하여 주소서. 죽음을 이기시고 부활의 첫 열매가 되신 예수님의 이름으로 기도드립니다. 아멘.

7.14 화장 장례예식

지침

(1) 예배 공간이 마련되지 않으면 관이 들어 있는 차량에서 집례할 수 있다.

(2) 예식은 가능한 간소하게 진행한다.

예식사 ·· 집례자

지금부터 고 ○○○씨(성도, 직분명)의 화장예식을 거행합니다. 사람이 세상에 왔다가 세상을 떠나는 길을 막을 수 없음을 잘 알면서도, 시신을 다시 한 줌의 재로 하나님께 돌려드림에 섭섭함을 금할 수 없습니다. 하지만 세상에 와서 하나님의 뜻에 따라 해야 할 일을 다 하고 떠난 고인의 모습을 기억하는 것으로 큰 위로를 받습니다. 하나님께서 하나님의 집으로 가는 고인을 반겨 맞아 주소서. 우리 역시 육신은 언젠가 한 줌의 재로 돌아가야 하는 사실을 깨닫게 하시고, 우리의 영혼이 주님 품에 안기도록 온전한 그리스도인의 모습으로 살게 하소서. 예수 그리스도의 이름으로 기도드립니다. 아멘.

찬송 ············· "보아라 즐거운 우리 집"(235장) ············· 다같이
성경봉독 ························· 시 90:3-4 ························· 맡은이

(욥 14:14-15, 사 40:6-8, 전 1:2, 요 11:21-26, 고전 15:5-58, 약 4:13-17 등을 참고한다.)

권면과 위로 ·· 집례자

이 세상의 모든 것은 변하고, 영존하는 것이 없지만, 오늘 우리는 가장 충격적이고 받아들이기 어려운 변화 앞에 서 있습니다. 우리의 사랑하던 사람이, 얼마 전까지만 해도 함께 웃고, 함께 울던 사람이, 함께 사랑을 나누던 그 사람이 이제 한 순간에 주검이 되어 다시는 볼 수 없고 만날 수 없는 모습으로 바뀌는 자리입니다. 이 세상에 좋은 변화도 많이 있지만, 그러나 오늘 우리가 직면하고 경험하는 변화는 슬픈 변화입니다. 사람이 죽으면 분토가 되어 흙으로 돌아가는 것은 하나님께서 정하신 이치이지만, 그러한 변화를 보는 우리의 마음은 답답하고 두렵습니다.

우리가 이러한 변화의 현장에서 두려움을 느끼는 이유는 여기가 끝이라고 생각되기 때문입니다. 더 이상 희망이 없는 자리에 와 있다는 절망감 때문입니다. 육신이 다 타서 없어지고, 뼈가 가루로 변하여 한 줌의 흙으로 돌아가는 이 자리에서 우리는 감히 희망을 말하기 어렵습니다. 그러나 오늘 우리가 읽은 주님의 말씀은 우리에게 여전히 희망을 전하고 있습니다. 이 말씀은 하나님께서 하나님의 영을 우리 속에 두어 우리가 다시 살아나게 하시겠다는 약속의 말씀입니다. 오늘의 본문은 보다 구

체적으로 마른 뼈들로 가득 찬 골짜기에서 하나님의 말씀이 임하여서 어떤 변화가 일어나는지를 묘사하고 있습니다. 마른 뼈 위에 힘줄을 두고 살을 입히고 가죽으로 덮고 생기를 불어넣으시는 구체적인 과정까지도 자세하게 묘사하여 우리에게 희망을 전하고 있습니다.

죽음 앞에서 여전히 다시 살 것을 말하는 다른 종교는 이 세상에 없습니다. 죽음 앞에서도 당당하게 "사망아 너의 쏘는 것이 어디에 있느냐?" 라고 호통치는 다른 종교는 없습니다. 오직 우리 주님만이 앙상한 뼈들 앞에서도 우리에게 희망을 전하여 주십니다.

오늘 우리 주님은 이렇게 물으십니다. "인자야, 이 뼈들이 능히 살 수 있겠느냐?" 이 물음 앞에서 우리는 감히 무어라 할 말이 없습니다. 에스겔처럼 이렇게 대답할 뿐입니다. "여호와여 주께서 아시나이다." 그러나 우리 주님은 다시 말씀하십니다. "생기가 들어가게 하리니 너희가 살리라."

그러므로 사랑하는 유족 여러분, 결코 실망하지 마십시오. 결코 절망하지 마십시오. 하나님께서 마지막 날에 우리의 사랑하는 사람을 다시 살리실 것입니다. 생기를 불어넣어 그를 다시 살리실 것입니다. 이 일은 이미 우리 주 예수 그리스도를 통하여 우리에게 십자가에 달려 죽은 지 사흘 만에 다시 살리심으로써 부활의 첫 열매를 우리에게 보여 주셨습니다. 기독교는 부활의 종교입니다. 다시 살 것을 믿는 종교입니다. 이 믿음은 오늘 이 절망스런 자리에서도 여전히 빛납니다. 그러므로 우리는 이렇게 고백합니다.

"그런즉 이 일에 대하여 우리가 무슨 말 하리요 만일 하나님이 우리를 위하시면 누가 우리를 대적하리요 자기 아들을 아끼지 아니하시고 우리 모든 사람을 위하여 내주신 이가 어찌 그 아들과 함께 모든 것을 우리에게 주시지 아니하겠느냐 누가 능히 하나님께서 택하신 자들을 고발하리요 의롭다 하신 이는 하나님이시니 누가 정죄하리요 죽으실 뿐 아니라 다시 살아나신 이는 그리스도 예수시니 그는 하나님 우편에 계신 자요 우리를 위하여 간구하시는 자시니라 누가 우리를 그리스도의 사랑에서 끊으리요 환난이나 곤고한 박해나 기근이나 적신이나 위험이나 칼이랴 기록된 바 우리가 종일 주를 위하여 죽임을 당하게 되며 도살당할 양 같이 여김을 받았나이다 함과 같으니라 그러나 이 모든 일에 우리를 사랑하시는 이로 말미암아 우리가 넉넉히 이기느니라 내가 확신하노니 사망이나 생명이나 천사들이나 권세자들이나 현재 일이나 장래 일이나 능력이나 높음이나 깊음이나 다른 어떤 피조물이라도 우리를 우리 주 그리스도 예수 안에 있는 하나님의 사랑에서 끊을 수 없으리라"(롬 8:31-39).

축도 ·· 집례자

(축도 전 기도는 반드시 예수님 이름으로 마무리를 짓고 축도한다. 축도 앞에 하나님께 고인을 맡기는 간단한 기도를 올릴 수 있다.)

7.15 시신 기증 예식

지침

예식 전 기증 받는 기관과 상의하여 특별한 절차를 점검하고, 기증서를 준비한다.

예식사 ···················· 살전 4:16-17 ···················· 집례자

지금부터 이 말씀에 의거하여 고 ○○○씨(성도, 직분명)의 귀한 뜻에 따라 시신 기증 예식을 시작하겠습니다.

기도 ··· 집례자

생명과 죽음의 주관자이신 하나님, 사랑하는 고 ○○○씨(성도, 직분명)를 통하여 생명의 고귀함을 다시 한번 되새기며, 희생적 사랑의 위대함을 깨닫게 하심을 감사합니다. 고인의 시신이 그리스도의 사랑 안에서 필요한 사람들에게 생명과 소망을 주는 역사를 일으키게 하소서. 우리가 영원토록 하나님 나라에서 고인과 만나고, 주님과 동행할 수 있는 소망을 얻었사오니, 감사함으로 고인을 보내게 하소서. 죽음에서 부활하신 예수 그리스도의 이름으로 기도드립니다. 아멘.

찬송 ················· "내 평생에 가는 길"(413장) ················· 다같이

성경봉독 ·· 맡은이

(요 3:16-17, 롬 5:12-21, 요일 4:7-11 등을 참고한다.)

권면과 위로 ·· 집례자

인간의 육체적 생명은 적정한 영양을 제공함으로 가능하며, 특
히 현대 기술은 생명을 의도적으로 더 늘릴 수 있는 기회를 제
공합니다. 그러나 진정한 의미의 생명이란 하나님이 원하시는
삶을 살아가는 것입니다. 그것은 이미 예수 그리스도를 통해 가
르쳐 주셨습니다. 오늘 성경은 생명의 부활과 심판의 부활을 가
르쳐 줍니다. 우리가 원하는 부활은 심판이 아니라 참된 생명의
회복입니다. 인간은 육체적으로 영원히 살 수 없으며, 단순한
육체적 생명의 연장은 사실 의미가 없는 것입니다. 그러나 우리
가 죄인을 구원하시기 위해 무덤에서 부활하신 그리스도의 음
성을 들을 때, 자신의 육체적 생명의 연장이 아닌 하나님의 구
원과 사랑이 또 한 사람의 생명으로 연장될 수 있습니다. 오늘
고 ○○○씨(성도, 직분명)께서 그 능력을 우리에게 전해 주었
습니다. 우리 모두가 고인의 사랑을 본받아 지금 주어진 생명을
더욱 온전하게 하나님을 위해 써야 할 것입니다.

시신기증 ·· 유족 대표

(유족의 대표가 먼저 고인의 유언을 간단하게 설명한 후, 기증서를 낭독하고 기관 인수자에게 전달한다.)

찬송 ·············· "저 요단강 건너편에"(243장) ················ 다같이
축도 ··· 맡은이

(축도 앞에 하나님께 고인을 맡기는 내용과 유족들을 위로하는 간단한 기도를 올릴 수 있다. 축도 전 기도는 반드시 예수님의 이름으로 마무리를 짓고 축도한다.)

7.16 유해 안치예식

유골 안치는 화장 예식 후 또는 이장 후 행하게 된다.

예식사 ·· 집례자

"장정이라도 죽으면 어찌 다시 살리이까 나는 나의 모든 고난의 날 동안을 참으면서 풀려나기를 기다리겠나이다 주께서는 나를 부르시겠고 나는 대답하겠나이다 주께서는 주의 손으로 지으신 것을 기다리시겠나이다"(욥 14:14-15).

지금부터 이 말씀에 의지하여 고 ○○○씨(성도, 직분명)의 유골을 안치하는 예식을 시작하겠습니다.

기도 ·· 집례자

전능하신 하나님께서 사랑하는 자녀의 영혼을 부르사 하나님께로 돌아갔습니다. 이제 남은 시신의 유골을 이곳에 안치합니다. 흙은 흙으로, 재는 재로, 먼지는 먼지로 돌아가지만, 영은 하나님의 것임을 믿습니다. 주님께서 다시 오셔서 영광과 위엄으로 심판하실 때, 주를 믿는 모든 이들을 영화롭게 하소서. 예수 그리스도의 이름으로 기도 드립니다. 아멘.

찬송 ·············· "괴로운 인생길 가는 몸이"(479장) ············ 다같이
성경봉독 ·· 맡은이

(시 90:10, 사 40:6-8, 전 1:2, 고전 15:5-58 등을 참고한다.)

권면과 위로 ·· 집례자

본문에서 요셉은 유언을 통해 자신의 유골을 애굽 땅에 남겨
두지 말고, 후에 출애굽할 때 같이 메고 올라가 줄 것을 당부
하고 있습니다. 그리고 출 13:19에 보면, 그 유언에 따라, 모
세가 출애굽할 때 요셉의 유골을 가지고 출애굽하는 모습을 보
게 됩니다.

여기서 우리는 깊이 생각해 보게 됩니다. 왜 요셉은 유골을 가
지고 나가라고 했을까요? 또 모세는 왜 그 유골을 출애굽하는
그 바쁜 가운데서도 수습하여 약속의 땅을 향하여 가지고 나갔
을까요?

우리 사람은 성경에 이르신 대로 '흙으로부터 지음 받아 흙으로
돌아가는 존재'입니다(창 3:19). 그러나 그것은 오직 우리의 육
신인 것이며, '하나님의 형상'으로 지음 받은 우리는 우리 주님
께서 약속하신 대로, 우리를 위해 예비하신 '하늘의 집의 거처'
에서 주님과 함께 영생을 누리게 됩니다(요 14:3).

따라서 우리는 요셉이 한 유언은 하늘을 향한 간구의 기도가 아
니라 그의 후손을 향한 것이며, 또한 모세가 유골을 수습한 것

도 이스라엘 백성을 위한 것임을 알 수 있습니다. 그 유골은 후손들에게 있어서는 '요셉에 대한 구체적 기억이요 기념'이기 때문입니다. 우리가 잘 아는 대로 애굽의 매장문화는 매우 화려한 것이지 않습니까? 그러나 거기에 남겨 두지 않고, 그의 유언을 받드는 것은 애굽 같은 이 지상에서의 영화가 아니라 영원한 하나님의 나라를 향하는 우리 인생의 궁극적 목적을 분명히 보여 주는 것입니다.

오늘 우리는 ○○○ 성도의 유골을 이곳에 안치하고 있습니다. 여기 유골을 안치하면서 우리는 구체적으로 고인을 기억하고, 또 생각하게 되며, 또한 여기서 영원한 하나님의 나라를 향하여 가는 순례자임을 다시 한번 깊이 되새기게 됩니다. 우리는 부활을 믿는 사람입니다. 부활의 그때를 소망 가운데 다시금 바라는 오늘 이 시간이 되시기를 바랍니다.

찬송 ················· "저 요단강 건너편에"(243장) ············· 다같이
축도 ·· 맡은이

(축도 앞에 하나님께 고인을 맡기는 내용과 유족들을 위로하는 간단한 기도를 올릴 수 있다. 축도 전 기도는 반드시 예수님의 이름으로 마무리를 짓고 축도한다.)

7.17 이장예식

예식사 ··· 집례자

지금부터 고 ○○○씨(성도, 직분명)의 이장예식을 시작하겠습니다.

기도 ··· 집례자

"요셉이 그의 형제들에게 이르되 나는 죽을 것이나 하나님이 당신들을 돌보시고 당신들을 이 땅에서 인도하여 내사 아브라함과 이삭과 야곱에게 맹세하신 땅에 이르게 하시리라"(창 50:24).

생명과 죽음을 주관하시는 하나님, 당신의 귀한 자녀 고 ○○○씨(성도, 직분명)를 지난 시간 동안 지켜 주심에 감사드립니다. 오늘 그(그녀)의 시신을 새 장지로 옮겨 모시고 안장하려 합니다. 사람의 육체를 기리는 시간이 아니라 귀한 신앙의 모범을 다시금 새기는 시간이 되게 하소서. 죽은 자가 주님 오실 때 영광스러운 모습으로 부활하는 소망의 예식이 되게 하소서. 예수 그리스도의 이름으로 기도 드립니다. 아멘.

찬송 ············· "지금까지 지내 온 것"(301장) ················ 다같이
성경봉독 ····················· 창 50:24-26 ·························· 맡은이

(고전 15:5-58, 롬 5:21 등을 참고한다.)

설교 ·· 맡은이

요셉은 자신을 팔았던 형제들을 애굽으로 초청하고 안식할 수 있도록 도와주었습니다. 그것은 인간적인 너그러움을 넘어서 자신이 받은 하나님의 사랑을 실천하는 용기였습니다. 인간의 너그러움은 그 사람이 죽으면 끝나지만, 하나님의 사랑은 그 사람을 통해 자자손손 그리고 이웃들에게 퍼져 가는 힘이 있습니다. 이러한 신앙적인 삶은 비전으로 사람들에게 남겨집니다. 그는 비록 죽지만, 그의 비전은 자신의 가족들이 아닌 이스라엘 민족으로 확대되고, 오랜 시간 뒤에 일어난 출애굽 사건을 확신 있게 보여 주었습니다.

한 신앙인의 죽음은 이렇듯 슬픔의 보냄이 아니라 기쁨과 소망이 가득한 미래에 대한 확신을 가져다 줍니다. 고대 이집트의 장례의식에는 몸이 썩지 않도록 향재료를 넣어 미이라를 만드는 관습이 있었습니다. 이는 영생에 대한 인간적 욕심의 표현입니다. 하지만 하나님은 우리가 영생을 얻는 법은 살아서 거듭남의 사건을 체험해야 한다고 가르쳐 주셨습니다.

오늘 우리는 마치 이스라엘 백성이 요셉의 뼈를 메고 올라가는 것처럼 고 ○○○씨(성도, 직분명)의 시신을 다른 곳으로 옮기면서 다시금 고인의 삶과 죽음을 되새기고 있습니다. 신앙 안에서 먼저 우리의 삶을 부활시키며 비전을 품고 살아가는 우리

가 되길 바랍니다.

찬송 ·················· "저 요단강 건너편에"(243장) ·············· 다같이
축도 ·· 맡은이

(축도 앞에 하나님께 고인을 맡기는 내용과 유족들을 위로하는
간단한 기도를 올릴 수 있다. 축도 전 기도는 반드시 예수님의
이름으로 마무리를 짓고 축도한다.)

7.18 장례 후 위로예식

지침

(1) 목회자는 유족들의 슬픔을 위로하기 위한 예식을 장례 후 일정기간 안에 드린다.

(2) 유족의 가정 또는 교회에서 드릴 수 있다.

(3) 고인의 사진 또는 유품을 사용할 수 있다.

예식사 ························· 고후 1:4 ························· 집례자

이 말씀을 의지하여 지금부터 고 ○○○씨(성도, 직분명)의 위로예식을 시작하겠습니다.

기도 ·· 집례자

위로의 하나님, 고 ○○○씨(성도, 직분명)의 장례 후 유족들이 여기에 모였습니다. 사랑하는 가족을 하나님께 먼저 보내고 잠시 슬픔에 잠긴 남은 가족들에게 이 시간 찾아오셔서 영원한 소망을 약속해 주시고, 삶의 용기와 신앙의 담대함을 부어 주소서. 고인이 남기고 간 신앙의 유산과 삶의 귀한 지혜를 버리지 않고 신실한 하나님의 자녀로 살아가도록 성령님이 인도하소서. 예수 그리스도의 이름으로 기도드립니다. 아멘.

찬송 ·············· "지금까지 지내온 것"(301장) ················ 다같이

성경봉독 ·························· 고후 1:3-7 ·················· 맡은이

(시 121:1-8, 고후 1:6, 사 40:1 등을 참고할 수도 있다.)

권면과 위로 ··· 집례자

사랑하는 형제(자매)가 세상을 떠났기에 모든 장례절차를 마치고, 이 모든 것이 하나님의 뜻에 따라 이루어진 줄 알고 이 자리에 모였습니다. 다시 한번 하나님의 위로와 부활과 천국의 소망이 여러분 모두에게 함께 하시기를 바랍니다.

인생은 B to D란 말이 있습니다. 태어나서(Birth) 죽는 것(Death)입니다. 잠시 세상에 왔다가 갑니다. 인생이 공허한 것은 B와 D사이에 아무것도 없기 때문입니다. 그 안에 그리스도(Christ)가 채워지면 인생은 결코 헛되지 않습니다. 공허하지 않습니다. 꽉 채워진 인생이 됩니다.

오늘 우리는 삶의 빈 공간을 예수 그리스도로 채워야 합니다. 이 세상의 삶은 눈물과 고난의 연속입니다. 남모르는 아픔이 우리 모두에게 있습니다. 우리가 안고 있는 상처는 너무나 큽니다. 주님의 위로가 필요합니다.

오늘 본문에서는 "찬송하리로다 그는 우리 주 예수 그리스도의 하나님이시오 자비의 아버지시오 모든 위로의 하나님이시며 우리의 모든 환난 중에서 우리를 위로하사 우리로 하여금 하나님

께 받는 위로로써 모든 환난 중에 있는 자들을 능히 위로하게 하시는 이시로다"라고 말씀하십니다.

하나님은 우리의 모든 환난 중에서 함께하시고 위로하시며 감당케 하실 뿐만 아니라 능히 이기게 하십니다. 여기서 우리는 '위로'를 동정의 관점에서 이해해서는 안됩니다. 왜냐하면 동정은 우리를 강하게 하기보다 약하게 만들 수 있기 때문입니다. 하나님께서 우리에게 주시는 위로는 우리의 마음을 강하게 하심으로써 모든 시련을 맞서 이겨 내게 합니다. 우리를 강하고 담대하게 만듭니다.

위로의 하나님이 우리를 위하여 독생자 예수 그리스도를 보내주셔서 저를 믿는 사람들에게 부활, 영생, 천국을 허락하셨습니다. 이 진리를 확실히 믿고 새롭게 일어나 주어진 인생을 아름답고 귀하게 살아가는 유가족들이 되어야 합니다.

주 예수 그리스도를 영접하고 믿음으로 큰 위로를 받고 살아갑니다. 용기를 가지고 나아가서 이웃에게 상처와 아픔을 주는 인생이 아니라 이웃에게 위로와 용기와 소망을 주는 위로자의 직분을 잘 감당하십시다. 믿음의 승리자가 되십시다. 하나님은 이러한 사람들을 지금도 찾고 계십니다.

위로와 나눔 ··· 맡은이

(고인에 대한 좋은 기억들과 위로를 나눈다.)

축도 ·· 맡은이

(축도 앞에 하나님께 고인을 맡기는 내용과 유족들을 위로하는 간단한 기도를 올릴 수 있다. 축도 전 기도는 반드시 예수님 이름으로 마무리를 짓고 축도한다.)

7.19 첫 성묘예식(1) – 가족끼리 하는 경우

유족들이 마음을 가다듬을 여유를 가진 후에 묘지를 찾는 일을 첫 성묘라고 한다. 일반적으로 장사한 지 사흘째 되는 날을 택하거나 주일을 피해 유족들이 편한 날을 택할 것이다. 유족끼리 묘를 정돈하고 하나님께 예배를 드린다.

신앙고백 ·························· 사도신경 ·························· 다같이
찬송 ············· "황무지가 장미꽃같이"(242장) ············· 다같이

(고인이 즐겨 부르던 것이면 좋을 것이다.)

기도 ··· 맡은이
성경봉독 ··· 맡은이

(고인이 애송하던 구절이나 임종 시에 낭독했던 구절을 다시 읽어 고인을 회상하는 것은 뜻이 있을 것이다.)

찬송 ··· 다같이
마침기도 ··· 다같이

(장례의 모든 행사는 첫 성묘로써 끝나는 것을 원칙으로 한다.)

7.20 첫 성묘예식(2) – 목회자가 인도하는 경우

예식사 ·· 집례자

오늘 우리 가족들은 고○○○씨의 무덤 앞에 모여 인생의 의미를 되새기며 하나님께 예배를 드립시다.

찬송 ·· 다같이

(고인이 즐겨 부르던 찬송)

신앙고백 ···················· 사도신경 ···················· 다같이
성경봉독 ···················· 잠 1:7-9 ···················· 맡은이
권면과 위로 ····································· 집례자

지혜란 여호와를 경외하는 일입니다. 즉, 하나님을 공경하고 두려워한다는 뜻입니다. 이것은 무서워 떤다는 말보다 인간으로서 하나님과 구별됨을 알고, 그의 사랑을 본받아 살아가야 한다는 가르침입니다.

첫째, 지혜는 조상을 통하여 하나님께서 가르쳐 주셨습니다. 지혜는 세상의 질서를 세우고 악에서 떠나게 합니다. 신앙의 조상들이 알고 기억한 지혜를 값지게 여길 수 있어야 합니다.

둘째, 지혜는 배워서 얻게 됩니다. 지혜는 자손에게 유전됩니

다. 그러므로 배워서 전승시키고 행함을 이어가야 합니다. 이러한 내용을 가르쳐 주는 책이 성경입니다. 우리는 성경을 통해 지혜를 배워야 할 것입니다.

셋째, 지혜를 이 땅에 세워야 합니다. 지혜는 개인의 전승유무로 끝나서는 안되고 널리 전파되어 기독교인의 삶에 정착시켜야 합니다. 어지러운 세계에 질서를 정착시키고 삶의 풍요를 심어야 합니다. 이것을 전해 받은 우리는 더욱 풍요로운 전통이 되도록 노력해야 할것입니다.

기도	집례자
찬송	다같이
축도	맡은이
사랑의 교제	다같이

4
설교

1. 장례식 설교

1.1 목사 장례식 설교

1) 하나님과 동행한 삶(창 5:21-24)

일생을 주의 복음 사역을 위해 헌신하시다가 하나님의 부르심으로 하늘나라에 가신 OOO 목사님의 발인예배에 우리 모두가 함께 모였습니다. 육신으로 짧은 이별과 영적으로 영원한 만남을 기약하고 떠나신 OOO 목사님, 이제는 편히 안식하실 줄 믿습니다.

성경에는 죽지 않고 하나님의 데려가심에 따라 이 세상에서 떠난 사람의 이야기가 둘 있는데 에녹과 엘리야입니다.

에녹은 하나님과 동행하는 생활을 하시다가 승천하셨습니다. OOO 목사님께서도 일생동안 하나님과 동행하는 삶을 사시다가 하늘나라에 가셨습니다.

1. 하나님의 뜻대로 목회하시고 생활하셨습니다.

뜻이 맞지 않거나 보조가 맞지 않으면 동행할 수 없습니다.

보조를 맞추기 위해서는 상대방의 걸음에 내 발을 맞춰야 하고 뜻을 같이 하기 위해서는 내 뜻을 양보하거나 포기해야 합니다. OOO 목사님의 일생동안 목회의 길은 오직 하나님의 선하시고 기뻐하시고 온전하신 뜻대로 하시려고 애를 쓰셨습니다. 에녹의 삶도 사랑과 공의를 따라 하나님과 동행하였고 목사님도 공의와 사랑을 좇아 일생을 사셨습니다.

2. 하나님과 동행하는 삶을 사셨습니다.

하나님의 성품을 닮아 하나님과 마음이 일치된 생활을 사셨습니다. 하나님은 에녹과 365년을 동행하셨듯이 OOO 목사님은 OO년 동안 동행하셨습니다.

이 자리에 누워 계신 OOO 목사님은 에녹을 생각나게 하는 생활을 하셨습니다. OOO 목사님이 남긴 본을 받아 우리도 하나님과 동행하는 생활을 해야 합니다.

3. 하나님과 동행한 사람에게 상급이 있습니다.

하나님과 동행한 에녹에게 주어진 상급은 죽음을 보지 않고 승천하였고 인류 최대의 장수자인 '므두셀라'라는 아들을 주었습니다. 969세를 살았습니다.

의롭게 산 사람에게는 하나님의 복이 후손에게 주어집니다. OOO 목사님께서도 교계에서 덕망이 있는 목회자였고 자손들이 다 잘 되어서 목사로, 의사로, 좋은 지도자들로 쓰임 받는 자녀의 복을 받으셨습니다. 하늘에서도 상급이 커서 영광의 면류관, 의의 면류관, 생명의 면류관을 받으시게 될 것입니다.

하나님의 영광과 축복이 충만한 가정이 되실 줄 믿습니다.

2) 목자가 받을 상급(벧전 2:25)

오늘 우리는 훌륭한 영혼의 목자의 사명을 다하시고 하나님의 부르심에 응답하여 아버지께 가신 고 ○○○ 목사님 영전 앞에 섰습니다.

삼하 3:38에 보면 "너희는 오늘 이스라엘의 방백이요 대인이 죽은 것을 알지 못하느냐?"고 했습니다. 이것은 왕이 자기 신복들에게 한 질문입니다.

나는 오늘 왕 중의 왕이 종으로서 이 물음에 대해 "하나님의 대인이 썩지 아니할 면류관과 바꾸기 위해 이 지상의 외투를 벗어 버렸다는 것을 안다"고 대답하겠습니다. 베드로전서 5:4에 나오는 하나님의 약속은 "목자장이 나타나실 때 너희가 시들지 아니하는 영광의 면류관을 얻으리라"는 것입니다.

1. 성도들의 방패가 되셨습니다.

고 ○○○ 목사님은 오랜 세월 동안 이 강단과 이 도시에서 일하면서 우뚝 서 있는 분으로 일했습니다. 그는 하나님께 자신을 낮추고 엎드렸기 때문에 모든 사람보다 우뚝 설 수 있었습니다.

우리 주님께서는 "누구든지 나와 복음을 위하여 제 목숨을 잃으면 구원하리라"(막 8:35)고 말씀하셨습니다. 사랑하는 고 ○○○ 목사님은 목회 초기부터 '잃음'으로써 '얻는' 이 비결을 터득하였습니다.

그는 하나님과 인간을 섬기는 일에 자신을 완전히 헌신하였습니다. 그는 비전과 꿈을 가진 사람이었습니다. 그는 꿈꾸고 환상을 보는 자였습니다. 60년 역사를 가진 교회에 40대에 부임하여 30여년간 목회하면서 큰 교회를 짓고 충청일우에 제일가는 교회를 만들고 교회목회자로서 대성한 분으로 중부지역과 전국 교계에 많은 업적을 남긴 훌륭한 하나님의 종이었습니다.

특별히 어려운 환경과 여건 속에 있는 성도들의 방패가 되고 영혼의 목자로서 양들을 푸른 초장 잔잔한 물가로 인도해 주는 선한 목자였습니다.

2. 은혜로운 목자로 일하다 가셨습니다.

우리는 "여호와는 나의 목자시니…"로 시작되는 아름다운 시편 말씀과 아주 친숙합니다. 고 ○○○ 목사님은 여러분께 이 말씀을 얼마나 많이 했습니까?

고 ○○○ 목사님은 방백같은 목사였으며 핵심이 있는 설교자였습니다. 그는 기지와 유머 감각이 구비된 사람이었습니다. 그는 사람들의 마음을 향해 설교하였습니다. 훌륭한 설교자요 신학교수요 저술가로서 은혜로운 목자로서 일하다 하나님 나라에 가셨습니다.

성경은 선한 목자가 자기 양 떼를 알며 양 떼는 그의 목소리를 안다고 상기시켜 줍니다. 이 교회의 양 떼들이 영혼의 목자를 따른 것은 그의 훌륭한 인품과 후덕한 마음에 감동되었고 매료되었기 때문이었습니다.

고 ○○○ 목사님은 하나님을 알고 하나님의 백성을 알았기 때문에 고인은 성공의 월계관을 쓸 수 있었습니다. 그는 평생을 하나님의 종으로서 살았습니다. 하나님께서 주의 종으로 일한 고인을 가장 으뜸되고 큰 자라고 칭찬해 주실 것입니다. 평생을 목회하는 동안 은혜로운 목자의 발자취를 남기고 가셨습니다.

3. 시들지 아니하는 영광의 면류관을 받으실 것입니다.

하나님은 고 ○○○ 목사님에게 여러 재능을 주셨습니다. 글 쓰는 재능, 노래 잘하는 재능, 설교 잘하는 재능, 온후한 성품 등 이 모두가 하나님이 주신 복이요 특권이었습니다. 이 특권과 재능을 가지고 "죽도록 충성하라. 그리하면 생명의 면류관을 내게 주리라"는 말씀같이 충성되게 일한 종입니다.

사도 바울은 주, 곧 의로우신 재판장이고 그 날에 주실 의의 면류관(딤후 4:8)을 말씀하셨습니다. 하나님께서 틀림없이 이 신실한 종에게 상을 내리실 것입니다. 왜냐하면 "네가 맡은 일에 충성하였으매 내가 많은 것으로 네게 맡기리니 네 주인의 즐거움에 참예할지어다"(마 25:21)라고 말씀하셨기 때문입니다. 사도 베드로는 말씀하시기를 "너희가 시들지 아니하는 영광의 면류관을 얻으리라"(벧전 5:4)고 했습니다.

고 ○○○ 목사님은 하나님 앞에 가셔서 "시들지 아니하는 영광의 면류관"을 받으실 것입니다. 그러기에 온 유족과 성도들은 고인이 사도 바울의 말씀같이 "내 사랑하는 형제들아 견고하며 흔들리지 말며 항상 주의 일에 더욱 힘쓰는 자들이 되라. 이는 너희 수고가 주 안에서 헛되지 않은 줄을 앎이라"(고전 15:58)고 말씀하리라는 것을 확신하시기를 바랍니다.

우리는 욥과 같이 "주신 자도 여호와시요 취하신 이도 여호와시니 여호와의 이름이 찬송을 받으실지니이다"(욥 1:21)라고 말할 수 있습니다.

고 ○○○ 목사님은 하늘나라 본향으로 가셨습니다. 하나님 앞에서 영혼의 목자의 사명을 잘 하셨기에 상급으로 영광의 면류관을 받으실 것입니다.

주 안에서 위로 받는 유족과 성도들이 되시기를 바랍니다.

1.2 장로 장례식 설교

1) 복된 죽음(고후 12:2)

인생들은 죽음을 슬프게 생각하고 인생의 마지막으로 생각하고 있습니다. 그러나 죽음은 종말이 아니라 시작이며 종착지가 아니라 시발지입니다. 그리스도인에게 있어서 죽음은 죽음이 아니라 삶입니다. 천국에 있는 성도의 심정은 "주의 앞에서 기쁨이 충만하고 주의 우편에는 영원한 즐거움이 있다"(시 16:11)는 시편 기자의 말에 표현되어 있습니다.

천국에 간 성도들은 주의 품 안에서 기쁨이 충만하고 영원한 즐거움 속에 살게 됩니다. 사랑하는 우리의 장로님은 이제 이 세상을 떠나 가셨습니다. 그러나 그는 이미 음침한 이 관을 하나님의 크신 영광과 교환하였습니다. 성경은 "아침에는 너희가 여호와의 영광을 보리라"(출 16:7)고 약속하고 있습니다.

이 귀중한 약속은 음부의 어두움을 추방시켜 버렸습니다. 우리는 마지막에 바울과 같이 하늘로 이끌려 가서 말할 수 없는 일들을 듣고 보게 될 때 비로소 이사야가 "거룩하다 만군의 여호와여 그 영광이 온땅에 충만하도다"(사 6:3)라고 한 말의 완전한 의미를 깨닫게 될 것입니다.

1. 고인은 영광의 면류관을 받을 것입니다.

성경은 영광의 면류관에 대해 누차 언급하고 있습니다. 잠언

16:31은 "백발이 영화의 면류관이요 의로운 길에서 얻을 수 있다"는 것을 우리에게 상기시켜 주고 있습니다.

고인은 주님 앞에서 신실하였습니다. 고 ○○○ 장로님이야말로 교계의 큰 자랑거리라고 할 수 있습니다. 왜냐하면 하나님 앞에서 신실하게 살았고 주의 몸된 교회에서 충성스럽게 봉사하였으며 세상 속에서도 덕이 되고 본이 되었기 때문입니다.

성경에 보면 신실하고 충성되는 데 대한 보답은 복음서에 잘 나타나 있습니다. "잘 하였도다 착하고 충성된 종아 네가 작은 일에 충성하였으매 내가 많은 것으로 네게 맡기리니 네 주인의 즐거움에 참예할지어다"(마 25:21).

실로 이것은 장로님이 받을 상이 아닐 수 없습니다. 충성은 우리에게 영광의 면류관이 됩니다. 왜냐하면 주님께서는 "내가 올 때까지" 면류관을 쟁취하라고 권면하셨기 때문입니다. 우리는 사랑하는 고 ○○○ 장로님과 같이 자기 직분에 충성하여 영광의 면류관을 받을 수 있기를 바랍니다.

2. 고인은 영광의 자리에 앉을 것입니다.

우리는 몸을 떠나는 것이 주님과 함께 있는 것(고후 5:8)임을 확신합니다. 하나님의 영원하신 처소에 있다는 것은 참으로 영원한 영광일 것입니다.

세상 권세자들의 처소에 한번 갔다 오는 것도 자랑거리가 되는데 하물며 하나님이 계신 천국에 거하는 것과 비교할 수 있겠습니까?

땅 위에 생존하는 대부분의 사람들이 천국 문에서 제지당할 것이기 때문에 천국은 사람들의 묘사를 불가능하게 합니다.

위대하신 주님은 천국에서 저희 눈의 모든 눈물을 씻기시고 다시는 사망도 없고 슬픔도 애곡도 없고 고통도 없게 하십니다.

고인은 주님과 더불어 영광의 보좌에 나아가셨습니다. 왜냐하면 하나님께서 친히 우리의 빛이 되어 주셨고 고 ○○○ 장로님은 빛 가운데 살았기 때문입니다.

3. 고인은 영광의 소망을 우리에게 증거하고 있습니다.

바울은 "형제들아 자는 자들에 관하여지는 너희가 알지 못함을 우리가 원치 아니하노니 이는 소망 없는 다른 이와 같이 슬퍼하지 않게 하려 함이라"(살전 4:13)고 기록하였습니다.

우리의 소망은 우리의 구주되신 주 예수 그리스도께 있습니다. 영광에 대한 소망은 그에게 대한 믿음에 있습니다. 우리는 오래 전에 고 ○○○ 장로님께서 영광에 대한 그의 소망을 항상 변함없이 증거하심을 들었습니다.

바울의 말처럼 고인은 "내가 이 고난을 받되 부끄러워하지 아니함은 나의 의뢰한 자를 알고 또한 나의 의탁한 것을 그날까지 저가 능히 지키실 줄을 확신함이라"(딤후 1:12)고 고백하였습니다.

우리의 복되신 구세주께서는 최후의 원수 죽음이 우리 생명을 공격하리라는 것을 아셨습니다. 그래서 주님은 제자들에게와 우리에게 이렇게 말씀하심으로써 준비시켰습니다.

"너희는 마음에 근심하지 말라. 하나님을 믿으니 또 나를 믿으라. 내 아버지 집에 거할 곳이 많도다. 그렇지 않으면 너희에게 일렀으리라. 내가 너희를 위해 처소를 예비하러 가노니 가서 너희를 위하여 처소를 예비하면 내가 다시 와서 너희를 내게로 영접하여 나 있는 곳에 너희도 있게 하리라"(요 14:1-3).

하나님의 거룩한 영의 임재는 여러분 안에 계신 그리스도시니 곧 영광의 소망입니다(골 1:27). 고인은 믿음으로 영광의 보좌 앞에 나아갔고 믿음으로 사는 우리들에게 영광의 소망을 주셨습니다.

2) 바울의 사망관(고후 5:1-7)

성경은 인생을 여러 가지 면에서 설명하고 있습니다. 사람은 누구를 막론하고 이 세상에 와서 나그네 생활을 하다가 언젠가는 본향으로 돌아갑니다.

키에르케고르는 "인생은 날 때부터 죽음이라는 불치의 병을 가지고 온다"고 말했습니다. 그러나 예수 그리스도께서는 죽음을 생명으로 이끌어 주셨습니다.

본문에서는 죽음을 세 가지로 정의하고 있습니다.

1. 죽음은 탄식을 벗는 때입니다.

세계의 영웅 나폴레옹은 말하기를 "5대양의 가득찬 물은 인생의 눈물이 아니며 6대주에 불어오는 바람은 인생의 탄식소리가 아닌가?"라고 했습니다. 이와 같이 인생의 죽음은 탄식을 벗는 때입니다.

2. 죽음은 짐을 벗는 때입니다.

인생은 많은 짐을 지고 고달파서 허덕입니다.

예수님은 말씀하시기를 "수고하고 무거운 짐진 자들아 다 내게로 오라. 내가 너희를 편히 쉬게 하리라."고 했습니다. 주 안에서 산 사람은 내 육신의 장막을 벗는 날 영원한 안식에 거합니다.

3. 죽음은 썩지 않을 것에 삼킴을 당하는 것입니다.

주 안에서 산 사람은 죽음의 문을 통과해서는 영원한 세계에서 썩지 않을 몸으로 영원히 살게 됩니다.

그러므로 계 14:13에는 "주 안에서 죽는 자가 복이 있도다"라고 했습니다.

이처럼 우리 기독교인들은 하나님의 영광을 위하여 하늘나라 소망을 위하여, 복음을 전파하는 수고를 치러야 합니다.

김활란 박사는 "나의 장례식에서는 승전곡을 부르라"고 했답니다. 믿음의 생활은 승리자만이 걸어가는 생활입니다. 기독교 신자들은 한 사람의 나그네로 끝나는 것만이 아니라 목적을 두고 살고, 그 목적을 이루게 되는 순례자인 것입니다. 이것이 곧 승리요 기쁨이요 믿음으로 받는 영원한 기업입니다.

남은 유가족들은 본문 말씀대로 믿음 안에서 모든 역경을 딛고 일어나 믿음으로 영원한 하늘나라를 기업으로 받으시기 바랍니다.

3) 아름다운 생애를 산 모세(신 34:9-12)

"모세가 눈의 아들 여호수아에게 안수하였으므로 그에게 지혜의 영이 충만하니 이스라엘 자손이 여호와께서 모세에게 명령하신 대로 여호수아의 말을 순종하였더라."

가을 단풍이 아름답습니다. 우리 인생도 아름다운 생애를 산다면 얼마나 좋을까요?

아름답다는 것은 경치가 잘 어우러져 좋다든지 꽃이 피어 만발하게 되므로 보기좋을 때 아름답다고 말하고 사람도 얼굴과 몸가짐이 잘 어울려졌을 때 예쁘다, 아름답다고 표현합니다.

그리고 자기 맡은 일을 잘 마무리하고 좋은 결과가 있으며 그 공적이 빛날 때 아름답게 살았다고 칭찬할 수 있습니다.

모세는 하나님의 종으로 이스라엘 민족의 영도자로 일한 사람으로 그 끝맺음을 잘한 사람입니다.

아름다운 생애를 산 모세의 삶은

1. 모세는 여호와를 대면한 사람이었다(10).

"모세는 여호와께 대면하여 아시던 자요"

전능자 하나님의 얼굴을 대면한 자는 아무도 없습니다. 모세만이 여호와를 대면한 사람입니다.

시장이나 도지사 및 대통령을 누구나 대면할 수 있는 것은 아닙니다.

믿음이 있는 자가 하나님을 대면할 수 있습니다.

2. 모세는 큰 능력의 지도자였다(11-12)

"모든 큰 권능과 위엄을 행하게 하시매 온 이스라엘 목전에서 그
것을 행한 자더라"

모세는 큰 능력을 행한 지도자였습니다.

홍해를 도강하였고 반석을 쳐서 샘물 나게 하였으며 메추라기와 만
나로 이스라엘 백성들을 광야에서 먹이신 큰 능력을 행하셨습니다.

3. 모세는 장수의 복을 받으신 하나님의 종이었다(7)

"모세의 죽을 때 나이 일백이십 세나 그 눈이 흐리지 아니하였고"

모세가 죽을 때 나이 120세나 눈이 흐리지 아니하시고 기력이 쇠
하지 아니하였습니다.

장수한다는 것은 큰 복입니다. 병약해서 단명하거나 질병으로 인
해 오래 살면 고통입니다. 장수하며 눈이 흐리지 않고 밝은 모습으
로 살게 되면 아름다운 생애를 사는 것입니다.

4. 모세는 훌륭한 후계자를 세우셨습니다(9)

"모세가 눈의 아들 여호수아에게 안수하였으므로 그에게 지혜의
신이 충만하니"라고 했습니다.

사람이 자기 혼자서는 큰일을 할 수 있으나 후계자가 없이 혼자 일
을 끝날 수 없습니다.

좋은 후계자를 두면 본인이 있을 때 보다 빛이 나고 그 업적을 계
승해 갈 수 있습니다.

모세는 훌륭한 후계자 여호수아를 두므로써 가나안 일경의 축복

을 누리게 되었습니다.

4) 의인의 죽음(민 23:10)

"야곱의 티끌을 뉘 능히 세며 이스라엘 사분지 일을 누가 능히 셀고 나는 의인의 죽음을 죽기를 원하며 나의 종말이 그와 같기를 바라노라"고 하였습니다.

1. 의인의 죽음의 길을 가셨습니다(민 23:10중)
"나는 의인의 죽음을 죽기를 원하며"
인생은 한 번 죽는 것은 정해진 일입니다.
그러나 일찍 가고 늦게 가는 것만 남은 것입니다.
○○○씨는 오래 사시다가 세상을 떠나셨습니다.
성경에서는 의인의 삶을 사시다가 가신 분들이 많습니다.
노아, 아브라함, 야곱, 욥과 같은 분들입니다.
노아는 950세에 죽었습니다.
이들은 믿음으로 주의 뜻대로 산 사람입니다.
영생이 약속된 죽음의 길을 가셨습니다.

2. 좋은 종말의 길을 가셨습니다(민 23:10중)
"나의 종말이 그와 같기를 바라노라"
오늘은 0000년 마지막 날입니다. 이 해를 마감하는 날입니다.
좋은 종말이란 하나님께서 인정하시는 삶을 사시다가 세상을 떠나는 것입니다.

행 13:22 하반절에 "이새의 아들 다윗을 만나니 내 마음에 합한 사람이라 내 뜻을 다 이루게 하리라"고 했습니다.

○○○씨는 하나님의 마음에 합한 사람으로 살았습니다.

주의 뜻을 이루는 삶을 살았습니다.

천국에 가신 분입니다.

3. 야곱의 축복을 받은 분입니다(민 23:10하)

"그와 같기를 바라노라"

창 28:14에 "네 자손이 땅의 티끌 같이 되어서 동서남북에 편만할지며 땅의 모든 족속이 너와 네 자손을 인하여 복을 얻으리라"고 했습니다.

아들 ○○○ 집사는 "○○어린이예술단 단장"이시고 며느리는 유치원 원장이시고 손자들은 사업과 유치원에서 군기교육을 위해 힘쓰고 손자 며느리들까지 유치원에서 일하고 있습니다.

이는 야곱의 축복을 받은 일들입니다.

○○○씨는 야곱의 축복을 받다가 하늘나라로 가신 분입니다.

5) 죽음의 뜻(계 21:1-4)

사람이 낳는 것과 죽는 것은 하나님의 예정되는 철칙입니다. 낳고 싶다고 나아지는 것도 아니고 죽고싶다고 죽는 것이 아닙니다. 하나님의 예정대로 되는 것입니다.

변경할 수도, 피할 수도, 면하지도 못합니다.

1. 죽음의 의미는 노고의 정지이다(사 57:21, 계 14:13).

"내 하나님의 말씀에 악인에게는 평강이 없다 하셨느니라"

"성령이 이르시되 그러하다 수고를 그치고 쉬리니"

인생의 괴로움은 출생, 장성, 학문, 노동, 우환 질고의 노고, 마지막 수고가 죽음의 노고입니다.

죽음은 노고의 정지이다. 죽음의 의미는 수고를 그치고 쉬는 것입니다.

2. 죽음의 의미는 영원한 삶의 시작이다(고후 5:1).

"만일 땅에 있는 우리의 장막집이 무너지면 하나님께서 지으신 집 곧 손으로 지은 것이 아니요 하늘에 있는 영원한 집이 우리에게 있는줄 아노니라"

사람에게 죽음은 우리에게 원수이면서도 친구요 죽음은 속박이면서도 해방이요 간단하면서도 어려운 것입니다.

인생은 생을 사랑하기 때문에 죽음을 두려워하고 죽음을 두려워하기 때문에 삶의 애착을 가지게 됩니다.

고후 5:1에 "영원한 집"이 있다고 했습니다.

영원한 집에 가는 자는 영원한 안식의 삶이 시작됩니다.

3. 죽음의 의미는 금의환향하는 의미입니다(계 22:13).

"나는 알파와 오메가요 처음과 마지막이요 시작과 마침이라"

우리의 일찍 가고 늦게 가는 것 뿐입니다.

이 문은 처음과 마지막이요 시작과 마침이라는 것입니다.

○○○씨는 영혼의 고향인 새예루살렘으로 들어가실 것입니다.

금의환향하는 자는 고향에 가는 자입니다.

모든 눈물을 그 눈에서 닦아주신다고 했습니다.

다시는 사망이 없고 애통하는 것이나 곡하는 것이나 아픈 것이 다시 있지 아니하신다.

6) 죽음 후에 오는 영원한 집(고전 15:42-44)

"육의 몸으로 심고 신령한 몸으로 다시 사나니 육의 몸이 있은즉 또 신령한 몸이 있느니라"(고전 15:44)

○○○ 권사님은 영원한 집에 가셨습니다. 죽음을 통해 영원한 집에 갈 수 있습니다. 죽음 후에 오는 영원한 집에 들어가려면 다음 절차가 있습니다.

1. 죽음 후에는 부활이 있습니다.

죽음은 누구나 피할 수 없는 엄숙한 사실입니다.

그러나 죽음 후에는 부활이 있습니다(고전 15:44).

죽음이 끝이라면 우리는 이 시간 인생의 허무를 노래할 것입니다.

부활이 있기에 하나님을 찬양합니다. 죽음은 영혼의 저주가 아니라 새로운 광명에 대한 소망입니다.

2. 부활 후에는 심판이 있습니다.

롬 2:6-7에 "하나님께서 각 사람에게 그 행한대로 보응하시되 참고 선을 행하되 영광과 존귀와 썩지 아니함을 구하는 자에게는 영생으로 하시고"라고 했습니다.

우리는 이 심판에도 기쁨과 소망이 있습니다. 귀한 상급이 있기 때문입니다.

3. 심판 후에는 영원한 세계가 기다리고 있습니다.

그리스도인은 속죄의 은혜로 구원과 하나님의 영광의 보좌로 초대받았습니다. 그곳은 영원무궁한 나라입니다. 그곳은 그리스도인이 사모하는 곳이요 영원한 처소입니다.

고인은 하나님 품 안에 안겼습니다. 따뜻하고 사랑이 많은 하나님의 품에 안겼습니다.

7) 영화의 면류관을 받을 자(잠 16:31-33)

"백발은 영화의 면류관이라 공의로운 길에서 얻으리라"고 했습니다.

유족 여러분의 장로님은 영화의 면류관을 받을 자입니다.

○○○ 장로님의 생애는 영화의 면류관을 받을 것입니다.

○○○ 장로님의 생애를 비추어 보면서 영화의 면류관을 받을 자라는 영결식 설교를 하고자 합니다.

1. 좋은 경험이 영화의 면류관을 받을 수 있습니다(31).

31절에 "백발은 영화의 면류관이라 의로운 길에서 얻으리라"고 했습니다.

백발은 "좋은 경험"을 많이 했다는 말입니다.

오늘 ○○○ 장로님이 장로님으로서 84년 동안 덕을 끼치는 장로님으로 좋은 경험을 한 분입니다.

이 모든 경험들을 통해 영화의 면류관을 받을 수 있기를 바랍니다.

이 영화의 면류관은 의로운 길에서 얻을 수 있다고 했습니다.

그는 의로운 길을 걷기 위해서 부단히 노력하였을 것입니다. 의로운 길을 걸은 ○○○ 장로님께 영화의 면류관을 받을 수 있기를 바랍니다.

2. 자기 절제는 영화의 면류관을 받을 수 있습니다(32).

"노하기를 더디하는 자는 용사보다 낫고 자기의 마음을 다스리는 자는 성을 빼앗는 자보다 나으니라"고 했습니다.

"노하기를 더디하고 자기 마음을 다스리는 자는" "자기 절제"를 잘한 자입니다.

○○○ 장로님은 84년 동안 절제의 생활을 하였습니다.

자기절제는 자기와의 싸움에서 이기는 것입니다.

그러므로 ○○○ 장로님은 절제할 때 영화의 면류관을 얻을 수 있습니다.

"침묵은 금이요 웅변은 은이다"라는 말이 있습니다.

○○○ 장로님은 입이 무겁다는 소리를 들었습니다.

자기 절제를 잘한 ○○○ 장로님에게 영화의 면류관을 받을 수 있기를 바랍니다.

3. 하나님의 도움으로 영화의 면류관을 받을 수 있습니다(33).

"제비는 사람이 뽑으나 모든 일을 작정하기는 여호와께 있느니라"

집을 세우려고 사람이 아무리 수고할지라도 하나님의 도우심이 아니면 수고의 의미는 없습니다.

파수꾼의 경성함도 역시 하나님의 도움이 없을 때 허무하게 됩니다.

○○○ 장로님의 생활은 인간의 노력이나 열심히 다 되지 않습니다.

하나님의 섭리 즉 하나님의 도우심이 있어야 합니다.

하나님의 도우심을 구하고 하나님의 복이 함께 하길 기도해야 합니다.

사람이 제비는 뽑으나 일을 작정하기는 여호와께 있기 때문입니다(33).

○○○ 장로님은 하나님의 도움으로 영화의 면류관을 받을 줄 믿습니다.

8) 성도의 죽음의 꽃(계 21:1-4)

사람이 낳는 것과 죽는 것은 하나님의 예정되는 철칙입니다.

낳고 싶다고 나아지는 것도 아니고 죽고싶다고 죽는 것이 아닙니다.

하나님의 예정대로 되는 것입니다.

변경할수도, 피할수도, 면하지도 못합니다.

1. 성도의 죽음은 노고의 정지이다(사 57:21).

인생의 괴로움은 출생, 장성, 학문, 노동, 우환질고의 노고, 마지막 수고가 죽음의 노고입니다.

죽음은 노고의 정지입니다.

2. 성도의 죽음은 영원한 삶의 시작이다(고후 5:1).

사람에게 죽음은 우리에게 원수이면서도 친구요 죽음은 속박이면서도 해방이고 간단하면서도 어려운 것입니다.

인생은 생을 사랑하기 때문에 죽음을 두려워 하고 죽음을 두려워 하기 때문에 삶의 애착을 가지게 됩니다.

고후 5:1에 "영원한 집"이 있다고 했습니다.

영원한 집에 가는 자는 영원한 안식의 삶이 시작됩니다.

3. 성도의 죽음은 금의환향하여 새 예루살렘 천국에 가는 것이다.

우리가 천국가는 관문은 죽음이란 문입니다.

이 문을 통해서만 천국에 들어가는 것입니다.

○○○ 은 영혼의 고향인 새 예루살렘 천국에 들어가신 것입니다.

○○○ 성도님은 금의환향하여 새 예루살렘에 가신 분입니다.

○○○ 성도님은 천국에 가셨습니다.

우리도 천국 가는 성도답게 사는 사람이 되기를 원합니다.

1.3 권사 장례식 설교

1) 본향으로 가신 권사님(시 90:1-17)

성도의 죽음은 인생의 노고의 정지입니다. 사 57:2절에 "그들은 평안에 들어갔나니 바른 길로 가는 자는 자기들의 침상에서 편히 쉬느니라"고 했습니다.

인생은 출생하는 시간부터 죽는 그 시간까지 고생과 수고의 연속입니다.

○○○ 권사님은 일생동안 수고와 고생이 끝나지 않고 연속이었습니다. 일찍이 부군 ○○○ 집사님을 여의고 2남 1녀를 키우시느라 수고와 고생을 하셨으며 생존 경쟁의 대열에서 생활을 위한 수고도 많았고 권사가 되신 이후 철야하며 자녀와 교회와 나라를 위해 기도하시느라고 많은 고생을 하셨습니다. 그러나 안나처럼 의로운 일생을 사셨습니다. 이제 그 모든 고생과 수고를 끝내고 ○○○ 권사님은 평화의 나라, 안식의 나라, 하늘나라로 가셨습니다. 본향으로 가신 권사님이십니다.

1. 인생은 본향으로 돌아가는 존재입니다(3).

"너희 인생들은 돌아가라 하셨사오니"

하늘나라는 우리가 돌아갈 본향입니다. 그러나 아무나 가는 본향은 아닙니다. 믿음의 티켓이 있는 자만 가는 본향입니다. 믿음으로 가는 나라입니다.

권사님은 믿음으로 영원한 본향인 하늘나라에 가셔서 고생과 수고를 내려놓고 안식하실 것입니다.

2. 인생의 삶은 밤의 한 순간 같을 뿐입니다(4).

"밤의 한 순간 같을 뿐입니다."

"인생은 짧고 예술은 길다"는 말과 같이 인생의 삶은 밤의 한 순간 같이 짧습니다. 그러나 ○○○ 권사님의 믿음의 본은 영원합니다.

65세의 일기로 짧은 인생을 살다가 세상을 떠난 ○○○ 권사님은 믿음으로 사시다가 천국에 가셨습니다. 인생의 연수의 자랑은 수고와 슬픔뿐이라고(10) 했습니다. 수고와 슬픔이 많은 인생의 삶속에서도 믿음으로 사신 ○○○ 권사님은 많은 사람들에게 위로가 되었고 소망을 주었으며 항상 기쁨으로 사셨습니다.

3. 본향에서 만족한 보상을 받으시게 될 것입니다(14).

"아침에 주의 인자로 만족케 하사 우리 평생에 즐겁고 기쁘게 하소서"

곤고케 하신 연수대로, 화를 당한 날수대로 기쁘게 하신다고(15) 했습니다.

하나님께서 슬픔과 괴로움을 보상하사 기쁘고 즐겁게 하실 것입니다.

주의 영광을 저희 자손에게 나타내소서(16) 하신 말씀처럼 자녀들에게 복을 주실 것입니다.

우리 모두 ○○○ 권사님의 믿음과 삶을 본받아서 고난 속에서도 의롭게 살다가 본향에 갈 수 있는 성도들이 되시기를 바랍니다.

2) 영원한 처소(전 12:5-7)

오늘은 이 시간 ○○○ 권사님을 영원한 길로 전송하기 위해 우리가 함께 모여 예배하는 시간입니다.

이 세상만이 우리 삶의 전부라고 생각한다면 죽음처럼 서럽고 고통스러운 것도 없을 것입니다. 죽음은 모든 것과의 단절이며 최종적인 끝이 되기 때문입니다. 사랑하는 부모 형제들과의 이별, 이 세상과의 이별은 견디기 어렵습니다.

평소에 자상하고 다정하셨던 ○○○ 권사님과 이 세상에서의 이별을 하게 되니 마음이 퍽 슬프고 힘든 일입니다. 그러나 주님은 우리와 잠시 이별하시고 영원한 처소 하나님나라에 가셨습니다. 우리도 이별 후에 다시 천국에서 만나게 될 것입니다.

1. 우리 인생은 필경 흙으로 돌아갑니다.

모든 만물은 원래 생성되었던 곳으로 돌아가는 것이 자연의 이치입니다. 바다에서 생성된 물은 바로 산야에 내려졌다가 강물이 되어 다시 바다로 돌아갑니다.

불도 자신의 근원인 태양을 향해 하늘로 올라갑니다.

인생도 마찬가지입니다. 인생의 육신이 흙에서 취하여진 것이니 필경 흙으로 돌아가야 합니다. "너는 흙이니 흙으로 돌아갈 것이니라"(창 3:19)고 했습니다.

○○○ 권사님은 이 땅 위에서도 다복하게 사시다가 하나님 부르심으로 필경 흙으로 돌아가고 영혼은 영원한 처소로 가셨습니다.

2. 영원한 처소로 돌아가는 인생입니다.

성경은 우리 인생을 순례자요 나그네로 비유합니다.

그래서 "나그네와 행인 같은 너희"(벧전 2:11)라고 베드로 사도는 성도를 지칭했습니다. 나그네에게는 한 가지 목표만 있을 뿐입니다. 즉 여행을 마치고 집으로 돌아가는 것이 오직 나그네의 꿈이요 목적인 것입니다. 우리 인생도 현세가 본향이 아닙니다. 저 하늘 하나님의 집이 우리의 본향입니다. 누구도 이땅에 영원히 머무를 수는 없습니다. 왜냐하면 하나님께서 우리의 처소를 하늘에 마련해 두고 계시기 때문입니다.

○○○ 권사님은 더 좋은 영원한 처소인 하늘나라에 가셨습니다.

3. 주님 재림 시 생명의 부활을 하게 됩니다.

○○○ 권사님 무덤 앞에서 우리가 생각해야 할 것은 고인이 반드시 부활하실 것을 확신하는 것입니다.

사람이 무덤에 묻히면 그것으로 모든 것이 끝났다고 여기는 것이 불신자들의 종말관입니다. 그러나 성경은 분명히 부활과 영생과 내세가 있음을 증언합니다.

"이를 기이히 여기지 말라 무덤 속에 있는 자가 다 그의 음성을 들을 때가 오나니 선한 일을 행한 자는 생명의 부활로, 악한 일을 행한 자는 심판의 부활로 나오리라"(요 5:28-29)고 했습니다. ○○○ 권사님은 주님 재림 시 생명의 부활자로 나오게 될 것입니다.

1.4 성도 장례식 설교

1) 성도의 죽음(벧전 2:11-12)

이 세상 모든 사람은 누구나 이 세상에 왔다가 한번 가는 나그네 인생입니다. 인생은 나그네이기 때문에 짧게 살든 오래 살든 험악한 세월을 살았습니다.

험악한 세월 동안 오직 믿음으로 사시다가 하나님의 부르심 받고 천국에 가신 ○○○님은 복 있는 분이십니다. 평생을 믿음으로 사셨고 자녀들도 세상에서 잘되어 출세한 자녀들이 많고 생활도 편히 사시다가 하늘나라에 가신 믿음의 어머니입니다.

성도의 죽음의 의미는 무엇입니까?

1. 성도의 죽음은 본향으로 가는 길입니다.

예수님은 자기의 죽음을 아버지께로 가는 것이라(요 16:5)고 하였습니다.

길이요 진리요 생명되신 예수님을 믿음으로 구원받고 본향으로 갑시다. 본향에 계신 아버지 집으로 가는 자녀에게는 기쁨과 희망이 넘칩니다.

본향에 가신 ○○○님은 하나님 아버지 품에 기쁨과 평안한 마음으로 가신 줄 압니다.

아버지 품에 안기신 본향으로 가신 ○○○님은 큰 위로받음이 있을 줄 믿습니다.

"너희는 마음에 근심하지 말라. 하나님을 믿으니 또 나를 믿으라. 내 아버지 집에는 거할 곳이 많도다"(요 14:1)고 했습니다.

성도의 죽음은 영광의 나라로 가는 길입니다.

죄와 슬픔이 없고, 고통과 실망이 없으며 괴로움과 근심이 없는 곳, 의와 기쁨이 있고 평안과 소망이 있으며 즐거움과 환희가 있는 영광의 나라로 가셨습니다.

유한한 존재의 삶을 사는 우리 인생이 예수 그리스도를 믿는 믿음으로 영생의 삶을 누리는 나라로 가셨습니다.

영원히 사는 영생의 나라에 가신 ○○○님은 평안히 쉬시며 안식에 들어가셨습니다. 슬픔 중에서도 위로 받으시고 참 소망의 삶을 사는 자손들이 되시기를 바랍니다.

2) 인생의 3대 질문(창 16:7-8)

인생의 3대 질문이란 "어디에서 왔느냐? 무엇을 하느냐? 어디로 가느냐?" 입니다. 이 3대 질문의 대답은 성경에서 찾아야 합니다.

1. 인생은 어디서 왔는가?

인생의 근원이 무엇입니까? 다윈의 진화론처럼 원숭이에게서 나왔습니까? 아니면 신화에서 말하는 것처럼 곰이나 소에게서 나왔습니까? 아닙니다. 원인 없는 결과는 없는 것입니다. 인생의 근원은 하나님이십니다(창 2:7). 그러기 때문에 하나님은 우리의 아버지시오 복의 근원이신 것입니다.

2. 인생은 무엇을 하며 살아야 하는가?

삶의 목적이 무엇입니까? 중국 어느 마을에서 부친의 비문을 세우는데 쓸 말이 없어서 "먹다 죽다"라고 써서 비를 세웠다는 이야기가 있습니다. 삶의 목적을 모르는 자들은 다 이런 인생인 것입니다. 그러나 고린도전서 10:31에는 "그런즉 너희가 먹든지 마시든지 무엇을 하든지 다 하나님의 영광을 위하여 하라"고 하였습니다. 그리고 하나님을 경외하고 그 명령을 지키는 것이 사람의 본분이라고 하였습니다.

3. 인생은 어디로 가는가?

인생은 나그네길입니다. 세월이란 열차를 타고 죽음이란 종착역을 향하여 쏜살같이 달려가고 있습니다. 그러면 죽은 후에는 아무것도 없는 것일까요? 아닙니다. 천국이 있고 지옥이 있습니다. 영원한 곳이 있습니다. 하나님을 믿지 않고 죄악만 지으며 짐승처럼 산 사람들은 지옥으로 가고 하나님을 믿고 그의 계명을 지키며 그의 자녀로 산 사람들은 천국으로 가는 것입니다. 천국을 가는 것은 본 고향을 찾아가는 것입니다.

천국은 어떤 사람이 갑니까? 예수 그리스도를 믿기만 하면 가는 곳입니다. 그곳은 예수님이 아름답게 꾸민 영원한 집이요, 그곳으로 가는 것은 금의환향하며 영생복락을 누리는 것입니다. 천국가는 길은 여럿이 있는 것이 아니라 오직 한 길인데, 그 길은 예수 그리스도입니다(요 14:6).

1.5 젊은 자의 장례식 설교

1) 죽음을 준비합시다(고후 5:1, 딤전 6:7).

사람은 누구나 다 한 번은 죽습니다. 이것은 우주의 공리요 대자연의 법칙입니다. 또한 이것은 하나님이 정하신 것입니다(히 9:27).

그러기에 사람이 이 세상에 출생함은 살기 위해서가 분명하지만 또한 죽음의 정거장을 향해 먼 여행을 떠나는 시간이라는 것도 너무나 분명한 사실입니다.

창세 이래 인간은 죽음을 극복해 보려고 부단히 싸워왔으나 불가능했습니다. 젊은 사람에게도 죽음은 다가옵니다.

오늘 장례를 지내는 고 ○○○님에게 찾아온 죽음 앞에서 우리는 어떠한 준비가 필요한지 생각해 볼까 합니다.

1. 죽음은 만인에게 평등합니다.

세상에 태어난 사람이면 남녀노소 빈부귀천을 막론하고 다 죽게 된다는 것입니다. 이것은 정해진 이치입니다.

젊다고 죽음이 멀리 있는 것이 아니고 죽음은 만인에게 평등하게 다가옵니다. 젊은 나이에 떠난 집사님의 죽음은 우리에게 많은 것을 생각하게 합니다.

2. 죽음은 절대적인 것입니다.

동쪽에서 솟아올라 서쪽으로 지는 태양을 사람이 어찌할 수 없듯이 죽음 또한 인간의 힘으로 막을 수 없는 것입니다. 그러므로 인간은 죽음을 피하거나 연기할 수 없습니다. 그것은 절대적입니다.

가정형편과 본인의 입지로는 죽음을 연기할 수 있다면 해야 할 형편인데 죽음은 절대적인 것이기에 떠나고 말았습니다.

3. 죽음은 완전한 비밀입니다.

누구나 죽음이 한 번은 찾아올 것임을 알고 있습니다. 그러나 자기에게 찾아올 그 죽음이 언제 어디서 어떻게 찾아올지 알 수는 없습니다. 그래서 세네카는 말하기를 "어디서 죽음이 너를 기다릴지 모른다. 그러므로 어디서든지 너는 죽음을 기다려라"라고 말하였습니다. 불의의 사고로, 알지 못했던 병으로, 죽음은 완전한 비밀로 누구에게나 찾아옵니다. 그래서 우리는 죽음을 준비해야 합니다. 믿음으로 준비해야 합니다.

4. 세상에서 예수를 믿고 구원의 은총을 입은 자는 죽음이 두렵지 않습니다.

오히려 죽음을 기쁘게 맞이합니다.

이것은 죽음이 천국에 들어가는 관문이 되기 때문입니다. 이 시간에도 죽음은 우리를 향해 다가오고 있습니다. 그러므로 우리도 언젠가는 다 죽어야 합니다.

여기 유명을 달리한 고 〇〇〇님은 인생의 가는 길에서 우리보다 조금 앞선 것이고 우리는 그 뒤에 서서 따라가고 있는 것에 불과한 것입니다. 우리도 고 〇〇〇님처럼 주 안에서 믿음으로 살다가 영광스런 죽음에 참여해야 할 것입니다.

슬퍼하는 유족과 친지 여러분의 애절한 마음에 하나님의 위로가 함께 하시기를 바랍니다. 젊은 나이에 갔지만 구원의 은총을 입었기에 하늘나라에 가셨습니다. 하늘나라에서 만날 소망을 가지시기 바랍니다.

2) 너희 인생들아 돌아가라(시 90:1-10)

우리는 지금 평생을 주를 위해 수고하시다가 하늘나라로 가시고 땅 위에서는 다시 만날 수 없게 된 고 ○○○님의 영전 앞에서 슬픔을 눌러가며 애도의 말씀을 드립니다.

본문 말씀에 보면 "너는 청년의 때 곧 곤고한 날이 이르기 전 나는 아무 낙이 없다고 한 해가 가깝기 전에 너의 창조자를 기억하라"고 했습니다.

그러면 인간이 죽으면 어디로 돌아가게 됩니까?

1. 본향으로 돌아가는 인생입니다(전 12:5).

"주께서 사람을 티끌로 돌아가게 하시고"(시 90:3)

인간은 누구나 고향을 가지고 있습니다. 이와 같이 우리 영혼이 돌아갈 본향이 있습니다. 즉 하늘나라는 우리 성도들이 가야 할 본향입니다. 하늘나라는 하나님을 사랑하는 자들을 위해 준비된 나라입니다.

고 ○○○님은 영원한 본향으로 돌아가셨습니다. 왜냐하면 평생토록 하나님을 사랑하며 사셨기 때문입니다. 그러기에 슬픔 가운데서도 위로를 받으시기 바랍니다.

하늘나라는 어둠, 질병, 죽음, 고독이 없는 곳입니다. 하늘나라는 하나님께서 구속받은 자들과 영원히 계시는 곳입니다.

고 ○○○님은 이제 질병도 죽음도 고독도 없는 기쁨과 평화와 자유만이 있는 그 영원한 나라에서 주님과 더불어 영생하실 것입니다.

2. 주 안에서 죽는 자는 복 있는 죽음입니다.

계 14:13에 "지금 이후로 주 안에서 죽는 자들은 복이 있도다"라고 했습니다. 그러나 인생의 죽음 앞에 3가지 질문이 있습니다. 그것은 "인생아 어디서 왔으며 무엇을 했으며 어디로 갔느냐?" 입니다. 인생은 흙에서 와서 흙 위에 살다가 흙으로 돌아갑니다. 그러나 주 안에서 죽는 자는 영원한 하늘나라에 갑니다. 그러기에 주 안에서 죽는 자가 복이 있습니다.

그러나 이 땅 위에서 "무엇을 했느냐?" 하는 것은 중요합니다. 예수님께서 죽으심은 인류구원을 위함이었고, 스데반 집사의 죽음은 초대교회의 박해 중에 단합과 교회를 완성했습니다.

고 ○○○님은 육신만을 위해 살지 않고 믿음의 생활 중에 하나님께 영광 돌리는 삶을 사셨고, 교회의 부흥과 지역사회의 발전을 위해서 헌신적으로 일한 충성스러운 종이었습니다. 결코 헛된 죽음이 아닐 것입니다.

요한계시록 3:10에 "네가 죽도록 충성하라. 그리하면 내가 생명의 면류관을 네게 주리라"고 하였습니다. 주님 앞에 가서서 생명의

면류관을 받게 되셨으니 주 안에서 돌아가신 고 ○○○님의 죽음은
복 있는 죽음입니다.

1.6 어린이 장례 설교

1) 이해할 수 없는 죽음(시 103:13-18)

이 시간 우리는 참으로 슬프고 쓰린 심정을 가지고 이 자리에 모였습니다. 이 세상에 태어난지 얼마 안되고 나이 어린 ○○○어린이가 아직 인생의 꽃으로 피워 보지 못하고 우리 곁을 떠나게 되었습니다. 왜 이런 일이 일어났으며 이해할 수 없는 죽음입니다.

사도행전을 보면 하나님께서는 스데반을 돌에 맞아 죽게 하셨으며(행 7:60) 야고보는 칼에 죽게 하셨습니다(행 12:1). 반면에 베드로는 옥에서 나오게 하셨으며(행 12:1-10) 바울이 갇혀 있는 빌립보 옥문도 열어주었습니다. 같은 사도요 하나님의 일군인데 이렇게 다르게 인도하시는 것을 보면 이해할 수 없는 일입니다.

그러나 스데반의 순교는 바울의 회심에 결정적인 역할을 하였고 야고보는 12제자 가운데서 첫 순교자로 하나님께 영광을 돌렸습니다. 이해할 수 없는 죽음을 통해서 하나님은 영광을 받으셨고 회심케 하여 기독교의 발전의 터전을 마련하였습니다. ○○○어린이 죽음은 슬프고 아픈 사건이나 분명히 하나님의 영광 거두실 계획이 있을 것입니다.

욥은 욥기 11:21절 하반절에 보니까 자기의 자녀들이 전부 죽었다는 비보를 듣고도 "주신 자도 여호와시오 취하신 자도 여호와시니 여호와의 이름이 찬송을 받으실지니이다"라고 했습니다. 하나님은 자기를 경외하는 자를 불쌍히 여기신다. 그리하여 욥에게 좋은 자녀들을 선물로 더 많이 주셨습니다. 분명 ○○○어린이 죽음은 이해할 수 없지만 하나님의 사랑과 축복으로 새롭게 하시는 은혜가 있을 것입니다.

1.7 일반인 장례식 설교

1) 돌아가는 인생(전 12:1)

"너는 청년의 때 곧 곤고한 날이 이르기전 나는 아무 낙이 없다고 할 해들이 가깝기 전에 너의 창조자를 기억하라."

인생은 돌아갑니다. 본문은 솔로몬이 인생의 최종 분해를 실패함인데, 무슨 물건이든지 현세 안에서 응결체를 이루어 동작하다가 마지막은 각각 제 근본으로 돌아갑니다.

산골짜기에서 솟는 샘은 나오는 즉시로 본향 바다를 향하여 갈 길을 재촉하고, 초목에 불이 붙으면 연기는 사공으로 날아갑니다. 인생은 모태에서 난 날부터 본향을 향하여 귀거를 재촉함이 분명합니다.

인생이 하룻밤 자고 일어나는 것이 무엇일까요? 하늘에서 80년을 부여받았다 하면 2만 8천 8백일 중 하루를 납부함이며, 두 번 세 번 자는 것은 풍부한 날을 하나씩 둘씩 바치다가 마지막 바치는 날 즉, 인생의 막을 닫는 날입니다. 나고 자라서 결혼하는 등 가정단락에 웃음짓고, 또한 불의의 사변에 파란곡절이 중첩하면 눈물짓고 찌푸린 얼굴로 울며 한숨 쉬다가 부여된 날이 다하고 보면 무슨 면목이 있겠습니까? 보따리나 큼직한 가방 정도 가지고 돌아가야 영광일 것입니다.

예컨대 한 동리에서 10명의 청년이 금 캐는 금산에 돈벌이 가서 9명은 놀자먹자 흥청되고 술집만 출입하는데, 그중 1명은 본의를 잃지 않고 버는 대로 송금했습니다. 그때 9명이 저 비열한 것이며 업신여겼지만 고향에 돌아와서는 부모 처자를 만날 때 절망입니다. 그러나 1명의 청년은 당당했습니다. 9명의 부끄러움과 한 청년의 영광을 어찌 비교하겠습니까?

우리 신자와 불신자의 결국은 이와 같을 것입니다. 우리와 함께 하던 고인의 유해 앞에서 깊이 생각하시고 준비합시다. 감히 누가 언제 어디서 고인 같이 하나님의 부르심을 받은 그날이 올지를 장담할 수 있습니까? 돌아갈 인생인 나는 무엇을 어떻게 준비해야 하는가를 깨달아 여러분 모두가 준비하시기 바랍니다.

2) 본향으로 돌아가는 길(딤후 4:7-8)

인간은 누구나 고향이 있습니다. 육신의 부모로부터 태어나고 자란 곳을 고향이라고 부릅니다.

그러나 그 고향의 고향되고 인간의 본체가 태어난 곳이 있는데 그곳이 바로 본향입니다. 그곳엔 인간을 만드신 하나님이 계십니다.

육신의 고향에 가기 위해서도 우린 필요한 것들이 많습니다. 넉넉한 여비며, 옷가지, 출세한 명함, 또한 부모에게 드려야 할 돈, 이웃 친척들에게 나누어 주어야 할 선물 등이 바로 그것입니다.

쉽다면 쉽고 어렵다면 어려워 심지어 어떤 사람은 이런 준비들이 되지 못해 몇 년씩이나 고향에 가지 못하는 경우도 있습니다. 그러나 정작 인간이면 누구나가 필연적으로 가게 될 본향은 이런 겉치레들이 뒤따르지 않아도 됩니다.

거기는 믿음이라는 선물만 있으면 기분 좋게 갈 수 있는 곳입니다.

1. 땅에서의 삶은 참 만족이 없습니다.

인간이 태어날 때는 순수하게 나오지만 점점 자라면서 악한 모습으로 변해갑니다. 젊어서는 큰 꿈 속에 힘과 돈과 권력을 가지려고 합니다. 그런데 그 힘과 돈을 자유와 사랑과 평화를 위해서 쓰기보다는 남보다 잘살고 편안해지겠다는 마음으로 인간을 짓밟습니다. 심지어는 인간보다 과학이나 문화를 더 우선시하여 위기의 시대를 만들고 있습니다.

2. 인생은 영원하지 않습니다.

영원히 살 것처럼 육신의 장막과 고향을 위해 좋다는 건 다 해봤지만 인간의 힘으로 못하는 것이 있습니다. 그것이 바로 채워도 채워지지 않는 욕심이요 늙고 늙어서 죽음을 맞이하는 것입니다.

그러기에 복음성가에 보면 "꿈결 같은 이 세상에 산다면 늘 살까? 인생의 향락 좋대도 바람을 잡누나. 험한 세상 고난풍파 일장춘몽이 아닌가. 슬프도다 인생들아 어디로 달려가느냐?"고 하는 가사도 있습니다.

인간은 누구나 제 본향으로 가게 되어 있습니다. 본향은 하나님 나라이며 그곳엘 가기 위해선 조건이 붙습니다. 믿음이라는 조건입니다. 세상에 나와 더럽혀진 영과 육은 오직 믿음이라는 조건을 가질 때 죄가 씻겨지며, 본향으로 돌아가 아버지를 뵙게 될 수 있습니다. 그 믿음이 없을 때는 여비가 없어 고향에 돌아가지 못하는 아픈 마음처럼 지옥에서 유리할 것입니다.

오늘 고 ○○○님은 다행히 믿음을 가졌습니다. 그러므로 이 죽음은 아름다운 본향으로 돌아가는 복된 여행길이라 하겠습니다.

3) 위로의 하나님(사 40:1-2)

세상에서 가장 슬프고 위로 받고 싶을 때가 있습니다. 부모가 돌아가셨다든지 자식이 먼저 세상을 떠나게 될 때 슬픔을 억제할 수 없고 위로 받을 길이 없습니다. 인간의 위로는 잠시뿐이지만 하나님의 위로는 영원합니다. 스코틀랜드의 목사로서 순교한 루터포트는 "세상의 모든 안위자들 가운데 하나님은 그 대표자이시다"라고 했습니다.

하나님의 위로는 세상이 주는 것과 다릅니다. 하나님은 무엇으로, 어떻게 성도들을 위로하십니까?

1. 하나님은 자연을 통하여 위로하십니다.

하나님은 자연을 통해 우리를 위로하시고 도와주시기도 합니다. 악한 왕 아합에게 디셉 사람 엘리야는 가뭄을 예언한 뒤에 쫓기게 되었습니다.

그 때 하나님은 요단 앞 그릿 시냇가에 엘리야를 숨게 하시고 까마귀를 통해서 떡과 고기를 보내어 연명하게 하셨습니다. 하나님은 당신의 백성이 곤란을 당하면 이렇게 자연의 동물을 통해서라도 위로하십니다. 슬픔을 만나 못살 것 같이 여겨져도 자연을 보면 환경이 아무리 변하고 바뀌어도 꿋꿋이 그 자리를 지키며 말없이 자기 모습을 잘 지켜가고 있습니다. 우리가 아무리 슬프고 괴로워도 자연의 모습을 보면서 큰 위로를 받고 더 큰 소망가운데 살아갈 수 있어야 합니다.

2. 하나님은 성경 말씀을 통해 위로하십니다.

인생이 많은 환난을 당하고 고통을 당할 때 성도들은 성경을 대합니다.

성경은 고통스러운 마음을 성령께서 도우셔서 말할 수 없는 탄식으로 친히 간구해 주신다고 했습니다.

롬 8:26-27에서 "이와 같이 성령도 우리 연약함을 도우시나니 우리가 마땅히 빌 바를 알지 못하나 오직 성령이 말할 수 없는 탄식으로 우리를 위하여 친히 간구하시느니라 마음을 감찰하시는 이가 성령의 생각을 아시나니 이는 성령이 하나님의 뜻대로 성도를 위하여 간구하시느니라"고 했습니다.

하나님은 성령의 생각을 아셔 말씀으로 위로하십니다. 오늘 본문은 "너희 하나님이 가라사대 너희는 위로하라 내 백성을 위로하라 저들이 예루살렘에 말하여 그것에게 외쳐 고하라"고 했습니다. 하나님은 성경 말씀으로 위로해 주십니다.

3. 하나님은 인간을 통해 위로하십니다.

히스기야 왕이 병들어 죽게 되어 하나님께 간절히 기도하기를 "주의 목전에서 선하게 행한 것을 추억하소서"하며 간구하자 하나님은 이사야를 통해서 십오 년의 수명을 연장시켜 주시고 아하스의 일영

표의 해 그림자를 십도 물러나게 하는 징조를 보여 주심으로써 응답하셨습니다. 하나님은 인간을 통해 서로 위로하십니다.

하나님의 위로를 받고자 하는 유족들에게 우리 하나님께서 이 자리에 내려오시고 임재 하셔서 위로를 베푸시고 용기를 내려 주실줄 믿습니다.

4) 면류관 받을 자(딤후 4:8)

면류관을 받는다는 것은 쉬운 일이 아닙니다. "죽도록 충성하라 그리하면 생명의 면류관을 네게 주리라"(계 2:10)라고 했습니다. 죽도록 충성하는 자에게 생명의 면류관을 주신다고 했습니다.

영국의 성직자요 설교가인 스펄젼은 "주 예수를 믿은 그대는 하나님의 백성이 되었고 이제 장소는 마련되었고, 면류관은 준비되었고, 수금도 특별히 준비되었다"고 했습니다.

상급을 바라보는 바울의 삶을 재조명 해보면 다음과 같습니다.

1. 선한 싸움을 싸웠습니다.

바울은 선한 싸움을 싸웠습니다. 인생의 목적지를 향해 달리다 보면 꼭 장애물이 등장합니다.

이 장애물을 극복하지 못하면 목적지에 이를 수가 없게 됩니다. 그래서 바울은 믿음의 선한 싸움을 싸운 것입니다.

성도들도 이 인생의 선한 싸움을 싸우고 이제 목적지까지 오게 되었습니다. 고인은 생전에 선한 싸움을 싸워 승리하신 분입니다. 면류관의 주인공이 되셨습니다.

딤전 6:12 "믿음의 선한 싸움을 싸우라 영생을 취하라 이를 위하여 네가 부르심을 입었고 많은 증인 앞에서 선한 증거를 증거하였도다"라고 했습니다.

2. 달려갈 길을 마쳤습니다.

바울은 달려갈 길을 마쳤습니다. 바울은 예수 그리스도의 종으로서 그의 삶을 훌륭히 마감할 단계에 왔습니다. 인생의 레이스에서 좌나 우로 치우치지 않고 한길로, 뒤돌아보지 않고서 열심히 달려왔다. 성도들도 하나님이 맡기신 청지기의 사명을 잘 마쳐야 합니다.

고인은 달려갈 길을 잘 마친 분이십니다.

그러므로 면류관을 받을 자입니다.

바울은 딤후 4:6에서 "관제와 같이 벌써 내가 부음이 되고 나의 떠날 기약이 가까웠도다" 라고 했습니다.

3. 의의 면류관을 받습니다.

바울은 의의 면류관을 받을 것이라 했습니다.

의의 면류관은 의인에게 주는 면류관이 아니라 사명을 다한 사람에게 주어지는 공로의 면류관입니다. 성도들은 맡은 바 사명을 완수하고 영광스러운 하나님의 상급을 받는 자가 됩니다.

고인은 이땅에 오셔서 주어진 사명을 다하고 가셨습니다. 그러기에 의의 면류관을 받으실 것입니다.

벧전 5:4에 보면 "그리하면 목자장이 나타나실 때에 시들지 아니하는 영광의 면류관을 얻으리라"고 했습니다. 영광의 면류관을 받으실 주인공이 되셨습니다.

5) 사망을 이기신 주님(사 25:8)

이 세상에서 사는 동안 운동경기에서 이겼을 때도 기쁨이 있고 승리의 월계관을 얻게될 때 그 영광이 놀라운 것을 알 수 있습니다.

학교에서 공부할 때 라이벌이 되는 학생을 공부에서 이기게 될 때도 큰 기쁨이 되었습니다.

하나님께서는 우리에게 사망권세를 이길 수 있는 힘을 주셨습니다.

사망을 이기신 주께서 우리에게 주신 은혜가 무엇인가요?

1. 성도들에게 기쁨을 주셨습니다.

예수께서 베다니의 삼남매 중 나사로가 병으로 죽자 "이 병은 죽을 병이 아니요 하나님의 영광을 위함이요 나사로는 죽은 것이 아니요 잔다"고 하셨습니다.

예수는 부활이요 생명이십니다. 나사로가 살아나자 많은 사람들이 놀라워하며 기뻐했습니다.

주님은 성도들에게 기쁨을 주시는 분이십니다.

시 69:30-31에 "내가 노래로 하나님의 이름을 찬송하며 감사함으로 하나님을 광대하시다 하리니 이것이 소 곧 뿔과 굽이 있는 황소를 드림보다 여호와를 더욱 기쁘시게 함이 될 것이라"고 했습니다.

하나님은 예수 믿고 구원 받은 자에게 구원의 기쁨을 주십니다.

2. 사망을 영원히 멸하시는 은혜를 주십니다.

바울은 그의 서신 고린도전서에서 "사망아 너의 이기는 것이 어디 있느냐 사망아 너의 쏘는 것이 어디 있느냐"며 사망을 영원히 폐하시고 부활하신 주님을 찬양했습니다. 그리고 성도들에게 견고하며 흔들리지 말고 주의 일에 더욱 힘쓰는 자가 되라고 했습니다. 주님은 사망을 정복하셨습니다.

고전 15:55에 "사망아 너의 이기는 것이 어디 있느냐 사망아 너의 쏘는 것이 어디 있느냐 사망의 쏘는 것은 죄요 죄의 권능은 율법이라"고 했습니다. 주님은 사망권세를 이기시고 죽음에서 부활하셨습니다. 사망을 영원히 멸하시는 은혜를 내려주셨습니다.

3. 모든 얼굴에서 눈물을 씻겨주셨습니다.

주님은 저 하늘 보좌에서 목자가 되시어 생명수 샘으로 우리를 인도하시고 하나님은 우리의 눈에서 모든 눈물을 씻어주실 것입니다.

계 21:4 "모든 눈물을 그 눈에서 씻기시매 다시 사망이 없고 애통하는 것이나 곡하는 것이나 아픈 것이 다시 있지 아니하리니 처음 것들이 다 지나갔음이러라"고 했습니다.

하나님은 모든 얼굴에서 눈물을 씻기시고 다시는 슬퍼할 일이 없게 하여 주신다고 했습니다.

6) 더 나은 본향(히 11:13-16)

우리 인생은 외국인과 나그네와 같습니다. 외국인과 자국민의 차이가 있습니다.

자국민은 자기 나라에서 국민의 권리와 의무를 수행하면서 누릴 혜택과 영예를 얻고 평안히 살 수 있습니다.

외국인은 제약 조건이 많습니다. 나그네로 사는 인생은 일시적이요 언제인가 돌아갈 고향을 찾습니다. 이 세상에서 가장 정답고 그리운 삶의 고향은 각자의 태어난 고향입니다.

그 고향이 비록 두메산골이라도 고향은 좋은 법입니다. 고향은 나를 낳아준 곳이요 고향은 나를 안아준 곳이요 고향은 나를 길러준 곳이기 때문입니다. 그러나 히브리서 11장에 나오는 히브리 신앙 영웅들은 보다 더 나은 고향이 있다고 말하고 고향보다 더 나은 본향을 찾았습니다.

더 나은 본향은 하늘에 있다고 했습니다(16). 본향이 더 좋은 이유는 무엇일까요?

1. 고향에는 이별이 있으나 본향은 이별이 없기 때문입니다.

이별이란 슬프고 아픈 것입니다. 정다운 사람들 간의 이별이란 당장의 비통 그것입니다. 부부의 이별, 부자의 이별, 모자의 이별, 형제의 이별 등은 괴롭다 못해 뼈가 아픈 것입니다.

그러나 본향은 이별이 없습니다. 헤어짐이 없습니다. 나눠짐이 없고, 죽음이 없고, 항상 함께 하고 늘 같이 하고 영원히 같이 합니다.

그러므로 본향은 고향보다 더 나은 고장입니다. 더 나은 본향은 사모하는 자들에게 주십니다(16).

2. 고향에는 부족이 있으나 본향은 부족함이 없기 때문입니다.

아무리 정든 고향도 산 좋고 물 좋은 것은 아닙니다.

부족이 있기에 사람들은 고향을 떠납니다.

이 세상에 부족 없는 고향은 없는 것입니다.

그러나 하늘나라 즉 본향은 부족이 없습니다.

삶의 풍부와 풍족이 있습니다. 자유도 있고 평등도 있습니다. 차별이 없습니다.

신앙 영웅들은 고향보다 더 나은 본향을 찾아 나간 것입니다.

3. 고향에는 수고가 있으나 하늘에는 안식이 있기 때문이다.

아무리 정든 내 고향도 수고를 통해서만이 살아갈 수가 있습니다. 수고를 통해서도 행복할 수가 있는 고향은 이 세상에는 없습니다.

그러기에 성경은 인생 한 평생은 수고와 슬픔뿐이라고 했습니다 (시 90:10).

우리의 일생은 자라는 수고, 배우는 수고, 일하는 수고 등 그야말로 수고의 연속, 그것이 고향생활입니다. 본향은 수고를 그치고 안식에 들어가기 때문에 더 나은 본향입니다.

7) 풀이 마름 같은 인생(약 1:11)

시작이 있으면 끝이 있고 출생이 있으면 죽는 날이 있습니다. 꽃도 풀도 싹이 나고 꽃이 피고 열매를 맺다가 결국은 풀이 마르는 때가 있습니다.

우리 인생도 풀이 마름 같이 세상을 떠나게 되고 역사의 뒤안길로 사라져가게 되어있습니다. 화려하게 끝낸 자나 비루하게 끝낸 자나 우리 인생은 풀과 같이 말라 없어지는 날이 옵니다.

중국의 홍자성은 "나무는 가을이 되어 잎이 떨어진 뒤에야 꽃 피던 가지와 무성하던 잎이 다 헛된 영화였음을 알게 되고, 사람은 죽어서 관뚜껑을 닫을 때야 모든 게 쓸데없음을 안다"고 했습니다. 아직도 세상에 대해 미련이 남아 있는지 우리 자신을 돌아봅시다.

주님이 우리에게 부탁하신 것은 다음과 같습니다.

1. 세상 영광은 헛되다고 했습니다.

헤롯 아그랍바 1세가 위에 앉아 백성을 효유하자 백성들이 이를 신의 소리요 사람의 소리가 아니라고 아첨하였습니다.

헤롯은 세상에서 무수한 영광과 부귀영화를 누렸으나 하나님의 영광을 가로챈 그를 주의 사자가 치니 벌레에게 물려서 죽는 허무한 삶을 마감하였습니다.

약 4:10 "주 앞에서 낮추라 그리하면 주께서 너희를 높이시리라"고 했습니다. 고인은 늘 겸손하게 사셨습니다. 세상 영광을 구하지 않고 하나님 영광을 나타내기 위해서 사셨습니다. 그러므로 주께서 높여 주셨습니다.

2. 겸손한 마음을 가지라고 했습니다.

일천번제를 드린 솔로몬에게 하나님은 "내가 네게 무엇을 줄고 너는 구하라"고 하셨습니다.

이때 솔로몬은 "좋은 작은 아이라 출입할 줄을 알지 못한다"고 겸손히 말했습니다.

하나님은 교만한 자를 물리치시고 겸손한 자에게 은혜를 주시는 분이십니다.

성도는 겸손으로 띠를 매는 삶을 살아야 합니다. 고인은 진실로 겸손한 마음으로 사신 분입니다. 약 4:6 "더욱 큰 은혜를 주시나니 그러므로 일렀으되 하나님이 교만한 자를 물리치시고 겸손한 자에게 은혜를 주신다 하였느니라"고 했습니다.

3. 영광을 주님께 돌리라고 했습니다.

베드로에게 세 번이나 "나를 사랑하느냐"고 물으신 주님은 세 번이나 "내 양을 먹이라"고 하셨습니다.

세 번이라는 숫자는 아마도 세 번 부인한 베드로를 독려하기 위함이 아닐까, 베드로는 거꾸로 십자가에 매달려 죽음으로써 하나님께 영광을 돌렸습니다. 우리는 순교로 영광을 돌리는 신앙을 본받아야 합니다. 고인은 일생을 하나님의 영광을 위해 사셨습니다.

8) 안개 같은 인생(시 90:3-4)

인생을 가리켜 한 밤의 순간 같다고 시편 기자는 말하고 야고보 기자는 안개와 같은 인간이라고 말하며 물거품 같은 인생이라 말하였습니다. 그리스의 서사시인 호메로스는 "인간의 생명은 나뭇잎과도 같다"고 슬퍼했습니다.

시편 기자는 우리 연수가 칠십이요 강건하면 팔십이라도 그 연수의 자랑은 수고와 슬픔뿐이라며 짧은 생을 노래했습니다. 우리 인생은 안개 같은 인생을 살다 가는 삶입니다.

1. 티끌로 돌아가는 인생길입니다.

하나님은 범죄한 아담에게 "네가 필경은 흙으로 돌아가리니 그 속에서 네가 취함을 입었음이라 너는 흙이니 흙으로 돌아갈 것이니라"고 하셨습니다. 죄의 결과는 죽음이 있을 뿐 이것이 비천한 인간의 근본입니다. 우리의 육체는 가고 다시 오지 못하는 바람과 같은 존재임을 알아야 합니다.

시 119:118에 "주의 율례에서 떠나는 자는 주께서 다 멸시하셨으니 저희 제사는 허무함이니이다"라고 했습니다. 하나님을 떠난 율례는 하나님이 멸시하시고 제사도 허무하게 하신다고 했습니다. 우리는 세상 것은 다 허무하여 티끌로 돌아가는 인생이 되고 맙니다. 주의 율례를 잘 지켜 산 고인과 같이 복된 인생의 마감이 있으시기를 바랍니다.

2. 잠깐 자는 것 같은 인생길입니다.

우리 인생은 70이나 80을 살아도 그 인생의 삶의 모습은 잠깐 자는 것 같은 인생길과 같습니다. 중국의 격언에 인생은 일장춘몽이라는 말이 있습니다. 참으로 인생길은 따뜻한 봄날 한 번 길게 꾸는 꿈과 같은 것입니다.

예수께서는 야이로의 딸이나 베다니의 나사로를 향하여 그들의 주

검을 잔다고 하셨습니다.

조금 길게 자든 영원히 자든 인생은 한결 같이 유아몽중의 삶인 것입니다.

잠 11:18에 "악인의 삯은 허무하되 의를 뿌린 자의 상은 확실하니라"고 했습니다.

고인은 잠깐 자는 것 같은 인생을 사셨지만 의를 뿌린 자로 상 받음이 확실합니다.

3. 풀의 꽃과 같은 인생길입니다.

베드로는 "모든 육체는 풀과 같고 그 모든 영광이 풀의 꽃과 같으니 풀은 마르고 꽃은 떨어지되 주의 말씀은 세세토록 있다"고 했습니다.

풀의 꽃과 같은 인생길에서 영원히 존재하시며 영광 중에 계신 샤론의 꽃 예수를 의뢰할 때 비로소 그 인생은 보람과 가치를 지니게 됩니다.

벧전 1:24에 "그러므로 모든 육체는 풀과 같고 그 모든 영광이 풀의 꽃과 같으니 풀은 마르고 꽃은 떨어지되 오직 주의 말씀은 세세토록 있도다"고 했습니다.

9) 영원한 생명(요 3:16)

이 세상에 사는 동안 어렸을 때에 부모로부터 선물을 받았을 때 참으로 기뻤고, 장성한 사람이 되어서 육체의 생명을 이어 받게 되었을때 감사하였고, 하나님께서 우리에게 영원한 생명을 주신 진리를 깨달았을 때 행복했습니다.

스코틀랜드의 신학자 토마스 찰머스는 "다가올 영생에 대한 총체적이고 본질적인 준비는 성경이 우리에게 말씀한 것을 믿고 성경이 우리에게 명령한 것을 행하는 것이다"라고 했습니다.

성경에는 영생에의 비결이 담겨 있습니다. 영생을 위해서 하나님께서 하신 일이 있습니다.

1. 하나님은 독생자를 보내 주셨습니다.

범죄한 아담과 하와에게 하나님은 여자의 후손을 약속하셔서 이미 원시복음을 준비하셨고 세상으로 쫓겨나는 그들에게 가죽옷을 지어 입혀서 십자가에서 피 흘리시는 그리스도의 구원을 예표하셨습니다.

구약에서 여호와의 사자로 자신을 계시하다가 때가 되어 세상에 오신 분이 예수 그리스도이십니다.

갈 4:4에 "때가 차매 하나님이 그 아들을 보내사 여자에게서 나게 하시고 율법 아래 나게 하신 것은 율법 아래 있는 자들을 속량하시고 우리로 아들의 명분을 얻게 하려 하심이라"고 했습니다.

2. 하나님은 예수님을 구주로 믿는 자를 멸망치 않게 하셨습니다.

하나님은 독생자 예수 그리스도를 믿는 자마다 멸망치 않고 구원을 받게 하셨습니다.

광야에서 불뱀에게 물린 자를 구원하기 위하여 모세가 장대 위에 높이 매달아 놓은 놋뱀을 본 자들은 산 것처럼, 이는 후에 십자가에 달리실 그리스도의 예표입니다. 주를 믿는 자는 멸망치 않습니다.

빌 2:8절에 "사람의 모양으로 나타나셨으매 자기를 낮추시고 죽기까지 복종하셨으니 곧 십자가에 죽으심이라"고 했습니다.

주님은 십자가에 죽으심으로 사망 가운데 있는 자를 살리시고 주를 구주로 믿는 자를 멸망치 아니하셨습니다.

3. 하나님은 믿는 자에게 영원한 생명을 주셨습니다.

주님은 나를 보내신 이를 믿는 자는 영생을 얻었고 심판에 이르지 아니하고 사망에서 생명으로 옮겼다고 하셨습니다. 그리고 너희가 영생을 얻기 위하여 내게 오기를 원하지 아니한다면서 탄식하셨다. 하나님께서 이 세상에 보내신 아들 예수 그리스도를 믿는 자에게는 영생이 있습니다.

요 6:68절에 "시몬 베드로가 대답하되 주여 영생의 말씀이 계시매 우리가 뉘게로 가오리까"라고 했습니다. 하나님은 예수 그리스도를 나의 구주로 믿는 자에게 영생을 선물로 주십니다.

10) 예수 믿고 죽은 자의 복(계 14:13)

한번 죽는 것은 누구에게나 정해진 것입니다.

그러나 예수 믿고 죽는 자는 복이 있고 안 믿고 죽는 자는 저주가 있습니다. 예수 믿고 죽은 자에게 주시는 복이 무엇일까요?

1. 주 안에서 죽는 자들이 복이 있습니다.

주 안에서 죽는다는 것은 예수를 믿고 예수를 위하여 일하다가 죽거나 순교를 당하는 죽음입니다. 구원의 복이 완성되고 주 안에서 하나되어 사는 자의 죽음은 복된 것입니다.

2. 저희 수고를 그치기 때문에 복이 있습니다.

출생부터 죽는 그 시간까지 수고와 고생의 연속입니다. 인생의 총결산은 수고인데 인생의 죽음은 수고의 종지부입니다. 수고가 그치는 것은 복입니다.

3. 쉬는 세계인 행복한 천국에 가기 때문에 복이 있습니다.

그곳은 하나님과 예수님이 계신고로 행복하고 금세에서 일생동안 수고하고 영원히 쉬는 곳임으로 행복한 곳이며 성도가 좋아하는 의인들만이 있는 곳이니 행복한 곳입니다.

예수 믿고 죽은 자들에게는 이런 복이 따릅니다.

11) 영원한 안식처(요 14:1-3)

세상의 삶은 참으로 고달픕니다. 괴로운 일도 많고 슬픈 일도 많으며 억울한 일도 많습니다. 그리고 이 땅 위에서는 영원히 안식할 곳이 없습니다. 오직 하늘나라만이 영원한 안식처입니다. 고인은 예수 믿고 구원 받았으며 하나님의 뜻을 따라 살다가 하나님의 부르심으로 하늘나라에 가셨습니다.

1. 고인은 영원한 영광에 참예하고 있습니다.

하나님은 행한 대로 갚으신다고 하셨는데 고인은 이 땅 위에서 사시는 동안 선행도 많이 행하시고 착하게 사셨으며 충성되게 예수님 믿고 사명을 다하였습니다. 지금은 하나님나라에 영원한 영광에 참예하고 계실 것입니다.

2. 고인은 본향으로 돌아가셔서 영원한 안식을 누리실 것입니다.

험난한 나그네 인생길을 마감하고 편안히 안식할 본향으로 가셨습니다.

본향을 사모하는 자는 희망과 즐거움과 기대감이 넘칩니다.

나그네의 괴로운 세월을 뒤로하고 영원한 안식을 얻으셨습니다. 영원한 안식을 누리며 사는 하늘나라에 가심은 참으로 복된 일입니다.

12) 하루 일도 모르는 인생(잠 27:1)

"너는 내일 일을 자랑하지 말라 하루 동안에 무슨 일이 날는지 네가 알수 없음이니라"

사람은 이 땅 위에 사는 동안 천년만년 살 것처럼 많은 계획을 하고 여러 가지 문제에 봉착하여 복잡하게 살아가는 경우들이 많이 있습니다. 고인은 장래가 창창하고 하는 일도 많고 훌륭하였는데 갑자기 운명을 달리하니 무엇이라 애도의 말을 전할 길이 없습니다. 다만 하루일도 모르고 사는 것이 우리 인생입니다.

1. 내일 일을 자랑하지 말라(1).

우리는 내일 일을 자랑하지 말아야 합니다. 하루일도 모르고 사는 것이 인생이기 때문입니다. 건강도 환경도 생명의 장래에 대해서도 알 수 없기 때문입니다.

내일이 오기 전에 오늘 운명이 달라질 수 있기 때문입니다.

2. 내세를 준비하며 살아야 합니다.

사람은 오늘만이 아닙니다. 내일이 있습니다.

이생뿐이 아닙니다. 내세가 있습니다. 이생 일에만 연연하지 말고 내세를 준비하며 살아야 합니다. 내세가 준비된 자는 소망이 있고 확신이 있으며 삶의 즐거움이 있습니다.

하루일도 모르는 인생들은 오늘의 삶에 충실해야 합니다.

13) 손 넓이만한 날을 사는 인생(시 39:5)

인생은 긴 것 같지만 그리 길지도 않으며 넓은 것 같으면서도 손 넓이만한 날을 살다가는 인생이라고 시편 기자는 고백했습니다.

시 39:5에 "주께서 나의 날을 손 넓이만큼 되게 하시매 나의 일생이 주의 앞에는 없는 것 같사오니 사람마다 그 든든히 선 때도 진실로 허사뿐이니이다"라고 했습니다. 인생이란 무엇입니까?

1. 인생은 연약한 존재입니다.

바울은 인생을 질그릇에 비유하였습니다. 질그릇은 깨어지기 쉽고 크게 값어치도 나가는 것이 아닙니다. 참으로 인생은 질그릇과 같이 연약한 존재입니다. 그러나 이 질그릇이 값어치가 나가고 귀한 것은 그 속에 보배 곧 복음을 담았을 때입니다.

2. 인생은 헛된 것을 사모합니다.

솔로몬은 "내가 해 아래서 행하는 모든 일을 본즉 다 헛되어 바람을 잡으려는 것이다"라고 했습니다. 인생은 부귀영화를 좇아 정신없이 헤매고 다닌다. 인생이 좇는 것은 이 땅의 것이지 하늘에 쌓아두는 것이 아니다.

3. 인생은 헛된 일에 분주합니다.

하루 종일 분주하게 일을 하다가도 저녁 잠자리에 들어 하루 종일 무엇을 했는가 따져보면 아무것도 한 일이 없습니다. 인생은 하나님을 경외하는 삶을 먼저 살 때에만 보람이 있습니다.

2. 추모식 설교

2.1 추모식 순서

개식사 ·································· 집례자

지금부터 ○○○ 집사님의 1주기 추모식을 거행 하겠습니다.

신앙고백 ············· 사도신경 ····················· 다같이
찬송 ··················· 533장 ······················다같이
기도 ·· 집례자

사람의 생사화복을 주관하시는 하나님 아버지! 우리 주 예수 그
리스도의 은혜와 성령님의 인도하심으로 슬픔과 절망의 어두운
그늘 속에서도 믿음과 소망을 가지고 살게 하여 주심을 깊이 감
사드립니다. 오늘은 하나님께서 일찍이 고 ○○○ 집사님을 하
나님 나라로 인도하신 그날입니다. 유족들과 고인과 관계된 모
든 사람들이 모여 예배를 드립니다.

용서의 하나님, 우리가 고인을 통한 아버지의 큰 뜻을 헤아릴 수

없어 그 뜻을 펴지 못한 우리의 부족함을 고백합니다. 우리 각자가 그리스도 안에서 고인에게 다하지 못한 모든 정과 친절을 생각하며 우리의 부족함을 고백합니다.

자비로우신 하나님 아버지, 여기선 우리들 죽은 자나 산자들 모두에게 하늘의 영원한 복을 허락 하옵소서. 그리하여 우리로 하여금 우리 주 예수 그리스도 안에서 성령님의 인도하심을 받아 고인의 삶을 영원히 이어가며 하나님의 뜻을 이 땅 위에 널리 펴는 새로운 은혜를 베풀어 주옵소서. 예수님의 이름으로 기도 드립니다. 아멘

성경 ·························· 시 15:1-5 ··························집례자

설교 ·························· 복된 생애 ·························· 설교자

기도 ··· 집례자

추모 ··· 집례자

고인에 대한 그리움을 표현한 말씀

찬송 ························532장························· 다같이

축도(주기도) ··· 다같이

2.2 설교

1) 복된 생애(시15:1-5)

본문 말씀은 복된 삶, 복된 생애를 잘 나타내 주고 있습니다. 간혹 생각하기에 따라서는 본문 말씀대로 세상을 사는 사람이 어디 있을까 하는 생각이 들 수 있습니다. 그러나 우리가 오늘 고인의 추모식을 거행하면서 본문 말씀을 통하여 몇 가지 기억해야 할 것이 분명히 있습니다.

첫째, 하나님 말씀을 가까이 하는 인생이 복된 인생입니다.

고인은 분명히 독생자 예수 그리스도를 믿고 죽음을 맞이했기 때문에 지금 하나님의 나라에 들어가 계십니다. 이것은 중요한 것입니다. 세상의 삶이 잠깐이라면 잠깐인데 그 결국이 주님께로 가냐 안 가냐 정말 심각한 결론인 것입니다. 우리들은 다 고인처럼 예수님을 믿고 그 뜻을 기다리다가 천국에 들어가야 합니다.

둘째, 세상을 말씀대로 살아가는 인생이 복되며 죽어 천당에 들어가게 됩니다.

사람은 누구나 다 인생의 마지막 날이 있으며 언젠가는 하나님 앞에 서게 됩니다. 우리는 그 자리를 기억하면서 살아야 합니다. 정말 하나님 앞에 설 때에 나는 예수님을 열심히 믿고 하나님의 뜻대로 살기 위해 노력했음을 주님 앞에서 고백해야 합니다. 말씀에 순종하면서 사는 삶이 올바른 삶이며 복된 생애인 것입니다.

셋째, 어려운 이웃을 돌아보는 생애입니다.

위대한 사람일수록 그가 세상을 살아가는 동안에 많은 사람들을 위해 일한 흔적을 많이 남기고 있고 그래서 위인들은 지금도 우리들의 마음속에 살아 있습니다. 우리는 고인처럼 하나님을 잘 믿어서 우리 자녀들에게 믿음을 유산으로 남겨주며 또 남에게 좋은 기억을 남길 수 있는 타인을 사랑할 줄 아는 사람이 되어야 합니다.

이제 고인의 1주년 추모식을 거행하면서 우리는 새삼 하나님 안에서의 사랑과 관계를 생각하게 됩니다. 하나님께서는 고인을 천국으로 인도하셨듯이 여기 모인 사람들 모두를 그 품에 안아 주시며 복되고 진실되게 주장해 주실 줄 믿으며, 또한 하나님께서는 이 자리를 기념하여 주실 줄을 믿습니다.

우리 모두 고인에 대한 그리움을 마음껏 발산하며 사랑의 하나님, 생명의 하나님, 영원하신 하나님께 감사드립니다. 아멘

2) 믿음의 조상을 따라서(히브리서 11:3-38)

몇 년 전만 해도 1월 1일 신정을 설날이라고 쇠었는데 민속의 날이란 명목으로 구정이 설날이 되었습니다. 오래전부터 내려온 전통과 풍습 때문에 아무래도 신정보다는 구정이 우리의 정서에 맞는 것 같습니다. 그러나 팔월한가위나 설날에는 조상에 대한 제사를 지내게 되고, 그로 인하여 시험에 드는 성도들이 많습니다. 성경은 참다운 부모공경에 대하여 가르치고 있는데 성도는 설날을 맞아 조상에 대한 추모를 어떻게 해야 할까요?

첫째, 조상의 훌륭한 점을 후손들에게 들려주어 후손들로 하여금 배워 본받게 하는 것입니다.

이것이 조상의 참 추모입니다. 제사상을 차려놓고 조상들에게 제사하는 것은 조상들이 와서 잡수시는 것이 아니라 귀신들이 받기 때문에 우상숭배라는 것을 알아야 합니다(고전10:20).

성경에서 믿음의 조상에 대하여 많이 말하고 있는데 특히 히브리서 11장은 우리가 본받아야 할 믿음의 선진들을 소개하고 있습니다. 노아, 아브라함, 사라, 이삭, 야곱, 요셉, 모세, 라합 등은 한결같은 믿음으로 나아가 승리한 사람들입니다.

성경에 그들의 행적이 나오는 것은 우리 믿음의 후배들로 하여금 그들을 본받게 하려 함입니다. 이와 같이 우리들도 조상들의 훌륭한 신앙의 유산과 정신을 본받고 기리는 것이 진정한 추모요 조상에 대한 존경입니다.

둘째, 후손에게 부끄럽지 않은 믿음을 지키는 조상이 되어야 합니다.

믿음은 눈에 보이는 현세의 축복만을 구하는 것이 아닙니다. 성경에 나오는 믿음의 조상들은 믿음을 지키기 위해 손해도 보았고, 어려움도 겪었습니다. 희롱과 채찍을 맞기도 하였고 감옥에 갇히기도 하였습니다. 도저히 말로 할 수 없는 잔인한 죽음을 당한 사람들도 있고, 예수를 믿는 신앙 때문에 물질의 어려움도 겪는 사람들도 있었습니다.

그러나 그 사람들은 결국 믿음으로 승리한 삶을 살았고 하나님께서 예비하여 주신 영원한 천국을 기업으로 얻었습니다. 우리는 믿음 때문에 받는 고난이 있습니다. 그러나 피하지 말고 결국 승리함을 확신해야 합니다. 믿음이 없는 사람은 세상만 바라보고 살기 때문에 금방 실망하고 낙심합니다. 그러나 본향을 바라보는 사람은 그로 말미암아 큰 용기를 얻고 결국 승리할 것입니다.

설날을 맞아 우리는 첫째 하나님께 감사드리고 조상들의 은덕을 기리고 그분들의 신앙과 덕망을 본받아야 합니다. 아울러 우리 후손들에게 내가 어떤 사람이 될 것인가를 깊이 생각하고 동시에 후손에게 부끄럽지 않은 당당한 조상이 되어야 할 것입니다.

3) 마지막은 시작입니다.(디모데 후서 4:1-8)

사도 바울은 두 번째 감옥에 투옥된 상태에서 이 세상에서는 소망이 없이 마지막을 준비하면서 이 편지를 디모데에게 보냈습니다.

인간이 사는 시간은 한계가 그어진 시간입니다.

인간이 살 수 있는 기회는 출생에서 죽음 사이의 제한된 기간입니다. 엄밀하게 인간은 죽을 수밖에 없는 존재로 만들어져 있습니다.

시편 90편의 모세의 기도에서 "인간은 사라질 존재요, 입김"이라고 고백합니다.

인생의 생명이 시작되는 시간은 하나님께서 결정한 것이며, 또 생명이 끝나는 것도 하나님께서 결정하십니다.

사람은 죽을 때 유언을 남깁니다. 여호수아는 수 23:14에서 "보라 나는 오늘날 온 세상이 가는 길로 가려니와" 또 다윗은 왕상 2:2에서

"내가 이제 세상 모든 사람의 가는 길로 가게 되었노니" 하면서 죽어 가면서 후세들에게 중요한 것을 유언에서 증언합니다.

창 48:21에는 이스라엘은 요셉에게 죽으면서 이렇게 유언하고 있습니다.

"나는 죽으나 하나님이 너희와 함께 계시다. 너희를 인도하며 너희 조상의 땅으로 돌아가게 하시려니와" 이스라엘은 허약하게 죽어가면서 미래의 변화를 보고 있습니다.

이것은 자신의 한계선인 죽음을 체험할 때 하나님의 약속의 증인으로 요셉 앞에 선 것입니다.

신 31:1-6 모세가 이스라엘에게 축복과 저주로 훈계한 후 6절 말씀에 "이는 네 하나님 여호와가 너와 함께 행하시는 분이기 때문이다. 그가 너를 버리지 아니하시며 너를 떠나지 아니하시리라"고 이스라엘 백성에게 권면합니다.

모세와 여호수아, 다윗 등 위대한 성경의 인물들은 임종 시에 하나님의 약속들이 성취된 것을 믿음으로 바라보았습니다. 이 하나님의 약속은 예수 그리스도께서 완성하셨습니다. 예수님은 요 19:30 "다 이루었다"하시며 하나님의 구속의 역사가 시작된 것으로 선포하셨습니다.

오늘 슬픔을 당하여 얼마나 비통하셨습니까? 그리고 고인은 우리에게 무엇이라 유언을 남기셨나요? 우리는 고인의 죽음 앞에서 삶을 터득해야 할 지혜가 필요합니다.

다음은 서양 철학사 100장면이란 글에서 발췌한 것으로 죽음을 배우면 삶을 터득한다라는 내용의 글로서 스토아 학자들은 죽음을 통한 지혜를 말하고 있습니다.

"너희는 죽음의 원리를 자연에서 배우라. 가을이 되고 열매가 익으면 그 열매는 조용히 땅으로 떨어진다. 마치 다른 나무와 열매들에게 나는 할 바를 다했고 때가 왔기 때문에 먼저 땅으로 돌아가니까 너희들도 나와 같은 길을 운명적으로 택하게 될 것이 아니겠느냐"고 얘기한다면 그 얼마나 자연스러운 삶과 죽음의 도리이겠습니까?

인간의 출생과 죽음은 자연스러운 것입니다. 그러나 믿음을 가진 우리는 말씀에 의지하여 신실하신 하나님의 약속을 믿어야 합니다. 하나님은 우리와 함께 계시며, 우리와 같이 행하시고 우리를 버리지 아니하시며 떠나지 아니하시는 것을 믿고 고인의 신앙을 따라 하나님을 온전히 의지하는 삶을 살기 바랍니다.

4) 유언(왕상2:1-4)

사람이 세상에 태어나 살아가다가 자기의 연수대로 연한이 차면 세상을 떠납니다. 이것은 자신의 인생 설계도에 따라 이루어지는 것이 아닙니다. "사람이 마음으로 자기의 길을 계획할지라도 그 걸음을 인도하시는 이는 여호와이시다"라고 잠언에서 말씀하고 있습니다. 자신이 100수하고 싶다고 100수를 살 수 있는 것이 아니라 하나님의 예정 가운데 자기의 나이대로 정해진 기간이 차면 세상을 떠나게 됩니다. 그 연한을 아무도 아는 이는 없지만 믿음의 사람은 하나님의 영에 의해 느낄 수 있습니다. 다윗은 믿음의 사람으로 자신의 위치를 알았습니다. 이제 자신이 하나님께로 가야될 시기가 임박했음을 알았습니다. 그는 이렇게 말합니다. "내가 이제 세상 모든 사람의 길로 가게 되었다" 그는 하나님의 부르심을 느끼게 되었고, 자신의 인생여정에서 깨달은 바를 아들 솔로몬에게 명령하고 있습니다. 믿음의 사람이 인생을 살면서 체득한 진리를 아들에게 전달하기 위해 귀한 시간을 마련하고 있습니다. 그 유언의 말씀은 무엇입니까?

1. 대장부가 되어라.

이 말은 전쟁, 용사의 힘, 생명력 등과 관련이 있는 단어입니다. 오랫동안 주변의 부족들과 싸움을 벌였던 이스라엘에게 용사는 존경의 대상이었고, 힘은 미덕이 되었습니다. 그는 소년의 때에 사자나 곰으로부터 양을 지키었고, 블레셋 장수 골리앗을 물매를 가지고 쓰러뜨렸습니다. 이러한 기억들이 지금 그에게 파노라마처럼 지나가고 있습니다. 사자나 곰을 쳐 죽인 힘, 골리앗을 이긴 용기, 이것이 그를 왕위에게 40년간 지탱하게 만든 원동력 중에 하나가 되었던 것입니다.

2. 하나님의 말씀을 지키라.

복 있는 사람은 여호와의 율법을 즐거워하여 그 율법을 주야로 묵상하는 자입니다. 그는 하나님의 말씀을 날마다 묵상함에 힘썼으며, 말씀을 실천하고자 노력했습니다. 왜냐하면, 그는 하나님께서 자기를 의의 길로 인도하시는 것을 확신했기 때문입니다.

하나님을 의지하셨던 고인의 뜻도 후손들이 하나님의 법을 지키고 행하여 큰 신앙의 사람이 되어 달라는 것입니다.

3. 아들의 형통을 원하고 있습니다.

아버지의 입장에서 아들이 출세하고 권위 있는 자리에서 백성들의 칭송을 들으며 여생을 보내고자 하는 것이 일반적인 아버지의 심정일 것입니다. 다윗은 비록 솔로몬이 왕위에 오르고 멋지게 통치를 하고 있음을 볼 수는 없지만, 형통한 길로 나아갈 것을 바라고 있습니다. 마음을 다하고 성품을 다하여 하나님 앞에서 진실하게 행하면 이스라엘 왕위에 오를 사람을 솔로몬의 자녀에게 계속 이어나갈 것을 확실히 믿고 있습니다. 이 믿음은 솔로몬이 하나님 앞에서 온전할 것을 바라는 내면적인 사랑을 가지고 있습니다. 고인의 바람도 이와 같을 것입니다. 하나님 앞에서 진실한 삶을 살아감으로 고인의 뜻을 받들어 형통의 삶을 살아가기를 원합니다.

5) 하나님의 위로(고후 1:1-11)

사랑하는 사람과의 사별은 슬픈 일입니다. 그런데 한 해, 두 해 지나면서 그 슬픔은 생활에 묻혀지고 이렇게 추도예배를 드리면서 그분에 대한 생각이 간절해집니다. 평소에 잘한 일보다 잘못한 것이 많아 안타깝기도 한 날이지요. 어쩌면 하나님의 위로가 없었다면 사랑하는 사람과의 이별이 영원처럼 느껴져 가슴에 한이라도 맺혔을지도 모르는 일이지요. 그러나 하나님을 믿는 우리에게는 하나님의 위로가 있기에 소망이 있고 평안을 누립니다. 어떠한 말이나 환경, 사람이 할 수 없는 위로를 하나님께서 우리에게 베풀어 주셔서 우리는 오늘도 기쁜 마음으로 그 분을 기리며 하나님께 예배드릴 수 있습니다.

그렇다면 우리를 향한 하나님의 위로는 무엇입니까?

첫째, 이미 과거에 구원을 통해 우리를 위로하십니다.

모두 죄와 허물로 죽을 수밖에 없는 우리를 은혜로 구원하여 주셨습니다. 구원은 주님을 영접한 고인이나 지금 우리에게 동일하게 적용됩니다. 구원을 위해서 우리가 한 일은 아무것도 없는데 하나님께서는 우리를 특별히 선택하셔서 선물로 이 은혜를 베풀어 주셨습니다.

둘째, 하나님의 위로는 과거적일 뿐만 아니라 현재에도 우리와 동행하심으로 우리를 위로해 주십니다.

고인과 동행하시며 많은 이 세상의 위험들로부터 안전하게 지켜 주셨던 하나님께서 눈동자와 같이 우리를 돌보시고 계십니다. 이것은 중무장한 군대가 완벽하게 우리의 전·후위를 지키는 차원보다 더 큰 위로가 됩니다. 그 분은 우리가 처하게 되는 고통스러운 문제들에 대한 해답을 가르쳐 주십니다. 또한 그 분은 우리가 살아가는데 요구되는 것이 무엇인지를 잘 아시기 때문에 넉넉히 도우실 수 있으며, 우주와 만물이 그 분의 소유이기 때문에 원하는 자들에게 얼마든지 좋은 것을 주실 수가 있습니다. 이러한 주와 동행하는 삶은 우리는 낙망치 않고 담대하게 살아갈 수 있는 힘을 줍니다.

셋째, 하나님은 미래에도 우리를 위로해 주십니다.

우리의 과거와 현재의 모든 여건들이 만족할 만큼 갖추어졌다 해도 미래가 없다면 우리의 삶은 절망적일 것입니다. 그러나 우리를 향한 하나님의 위로는 미래에 우리가 하나님의 나라에서 고인과 만나고 영원한 삶을 보장하는 위로에서 충족됩니다. 우리는 그 동안 그리던 사랑하는 사람을 만나는 기쁨을 맛보게 될 것입니다. 무엇보다도 예수님을 만나 모든 시름이 없는 하늘나라에서 영원히 그분과 함께 살 소망이 우리에게 있습니다.

따라서 우리 그리스도인은 고인에게 물려받은 신앙의 유산으로 완벽한 하나님의 위로를 과거에나 현재나 그리고 미래에도 보장받게 됩니다.

6) 여호와를 자기 하나님으로 삼는 백성이 받을 복 (시 144:1-15)

4절에 나오는 대로 인생은 헛것 같고 그의 날은 지나가는 그림자 같습니다. 아무리 열심히 산다고 할지라도 여호와를 자기 하나님으로 삼지 않는 사람의 결국은 헛것이요. 그림자같이 무상할 수밖에 없음을 우리는 잘 압니다. 여기 계신 故 ○○○님의 삶은 여호와를 자신의 하나님으로 삼은 분이었습니다. 하나님을 창조주로, 인생의 주관자로 역사의 진행자로 물질의 근원이요 복의 근원 되시는 분으로 모시며 한평생을 살아오신 분이셨습니다. 하나님은 故 ○○○님에게 많은 복을 주셨습니다. 그 복이 바로 본문 12절에서 14절에 나오는 복입니다. 故 ○○○님의 신앙을 따라 여기 모인 우리도 여호와를 자신의 하나님으로 삼는 사람들이 다 되어 하나님이 주시는 그러한 복을 동일하게 받으시기를 기원합니다.

여호와를 자기 하나님으로 삼는 백성들에게는 어떤 복이 있을까요?

첫째, 자녀가 잘 되는 복을 받습니다.

12절을 보십시오. 아들들은 장성한 나무와 같이 됩니다. 그리고 딸들은 궁전의 식양대로 아름답게 다듬은 모퉁잇돌과 같이 됩니다. 한마디로 아들들은 건장하게, 딸들은 아름답고 곱게 자란다는 말입니다. 부모에게 있어 자녀들이 다른 사람들 보기에 믿음직하고 아름답게 자라는 것만큼 좋은 것이 없습니다. 여호와를 자기의 하나님으로 삼는 백성은 이런 자녀의 복을 받습니다.

둘째, 물질의 복을 받습니다.

13절을 보십시오. 우리의 곳간에는 백곡이 가득하며 우리의 양은 들에서 천천과 만만으로 번성하며 수소는 무겁게 실었다고 합니다. 막 10:29, 30 "예수께서 가라사대 내가 진실로 너희에게 이르노니 나와 및 복음을 위하여 집이나 형제나 자매나 어미나 아비나 자식이나 전토를 버린 자는 금세에 있어 집과 형제와 자매와 모친과 자식과 전토를 백 배나 받되 핍박을 겸하여 받고 내세에 영생을 받지 못할 자가 없느니라"

하나님이신 예수 그리스도를 위해서 모든 것을 버린 사람은 그것의 백 배의 복을 받는다고 했습니다. 바로 여호와를 자기 하나님으로 삼고 자신의 모든 것을 희생한 사람은 이생에서도 셀 수 없는 물질적 복을 받습니다.

셋째, 하는 일에 거침이나 방해가 없습니다.

14절 후반절을 보십시오. 아무리 열심히 해도 일이 막히는 사람이 있는가 하면 주일날을 철저히 지키고 주의 일을 하느라고 안식하는 날이 많은데도 나날이 하는 일이 번창해지는 사례들을 우리는 주변에서 많이 보게 되고 간증도 많이 듣게 됩니다. 하나님이 함께 하시면 시간이 문제가 아니요 투자하는 돈이 문제가 아니요 인맥이 문제가 되지 않습니다. 여호와를 자기 하나님으로 삼는 백성은 나가는 일에 거침과 막힘이 없습니다.

넷째, 가정에 슬피 부르짖음이 없습니다.

14절 후반절을 보십시오. 사회가 발전하고 다변화 될수록 깨지기 쉬운 것이 가정입니다. 이 가정을 지키는 것은 돈으로, 힘으로 되는 것이 아닙니다. 하나님을 중심으로 하나가 될 때만이 가정이 화목하고 평안이 넘칠 수가 있습니다.

7) 추모의 마음(히브리서 11:1-2)

하나님께서 ○○○ 성도님을 부르신지 벌써 ○년이 되는 오늘, 우리를 구속하신 하나님의 은혜를 찬양하려고 이 자리에 모였습니다.

오늘 본문에 구름 같이 허다한 증인이라고 하는 말씀이 나옵니다. 오늘 그 증인 가운데 ○○○ 성도도 계심을 믿습니다. 믿음의 선한 싸움을 싸우고 신앙의 절개를 지키며 땅의 것보다는 하늘의 것을 소망한 신앙의 선배를 따라 오늘 우리도 그들 가운데 한 분이 된 ○○○ 성도님을 추모합니다.

성경은 이 땅에 사는 우리에게 주님 앞에 부름 받기 전까지 이렇게 살라고 말씀하십니다.

첫째, 죄를 버리라고 말씀하십니다.

죄는 우리를 세상 가운데 얽매이게 하며 우리 영혼의 기쁨을 짓누르는 무서운 요소입니다. 그러므로 죄를 멀리하고 예수님 보혈로 회개하는 삶을 살아야 될 것입니다.

둘째, 믿음의 삶을 살기 위해 인내하라고 말씀하십니다.

오늘 본문은 "인내로써 우리 앞에 당한 경주를 경주하며"라고 하셨습니다.

끝으로, 믿음의 주요 온전케 하시는 예수를 바라보며 살라고 하십니다.

언제나 예수를 소망하고 예수를 의지하고 예수를 따라 사는 우리에게 하나님은 영광 가운데 있는 증인의 자리에까지 인도하실 것입니다.

5

상제례 지침

1. 장상제례(喪祭禮)에 임하는 기독교인의 기본 관점

1) 장례와 제례에 관련된 용어들

상례(喪禮)는 인간의 죽음이라는 엄숙한 사태에 직면하여 죽은 자를 정중히 모시는 절차인 만큼 가장 중요한 예법이다. 사람이 임종한 후 매장과 탈상에 이르기까지 상중(喪中)에 행하는 일체의 예절을 상례라고 한다. 상례는 장례(葬禮) 또는 장의(葬儀)라고도 하며, 일반적으로 상여(喪輿) 또는 운구(運柩)가 집을 떠나는 때 갖는 의식을 장례식 또는 발인식(發靷式)이라고 부른다. 고인이 세상을 떠난 날 고인을 기억하고 추모하는 제사행위는 기제사(忌祭祀), 추도식, 추모식, 추도예배 등 다양한 명칭으로 부르고 있으나 추모제(追慕祭)라고 부르는 것이 좋겠다.

용어문제에서 한국교회 교인들이 가정에서 흔히 사용하는 "제사"라는 용어나 "추도예배"라는 말보다 "추모제"를 권장하는 이유는 두 가지이다. 첫째, 예배란 하나님을 찬양하고 경배하는 행위이기 때문에 고인의 추모예식에 예배라는 말을 사용하는 것은 옳지 않기 때문이다. 둘째, "추도"라는 단어보다 "추모"라는 단어가 더 부활의 소망을 간직하는 기독교적 표현이기 때문이다.

"예식"이라는 단어는 단순한 사회적 행사 표현인 "식"보다 종교적 의식임을 표현할 수 있기 때문에 "임종예식", "장례예식", "하관예식", "추모예식"으로 표현하는 것이 좋겠다.

2) 검소하면서도 정성을 다하는 의식

기독교인들은 상제례에 임할 때 몸과 마음이 흐트러짐 없는 반듯한 자세로 타인의 본이 되어야 한다. 허례허식이나 의미를 알 수 없는 습관에 매인 복잡한 예식은 과감하게 버리고, 간결하면서도 정중한 예식이 되도록 마음을 써야 한다. 간소화하되, 그 대신 정성과 뜻을 모아 그 예식을 준비한다. 장례에 관련되는 모든 준비와 절차는 기독교 장의사의 협조를 받되 기독교인의 신앙정신에 어긋나지 않도록 해야 한다.

3) 상제례에서 민속신앙과 혼합된 귀신숭배 신앙은 불가

한국 가정의 전통적 상례는 "주자가례"와 "사례편람"을 기초로 하여 그 예식절차가 이루어졌지만, 일반가정에서는 순수한 유교식 상례법이라기보다 전통민속신앙 특히 귀신신앙과 혼합되어 왔기 때문에 "사잣밥"을 놓는 것 같은 일이 관습적으로 향해져왔다. 그러나 기독교인들은 그러한 일체의 귀신숭배신앙을 용납하지 않는다.

4) 상제례 의식에서 촛불이나 향을 사용하는 일에 대하여

촛불은 어둠을 밝힌다는 상징적 의미가 있으므로 기독교 의식에서도 많이 사용한다. 본래 향을 피우는 일은 영혼과 신을 불러 내리게 하는 강신(降神)의 의례로서 행해진 것이지만, 기독교인으로서는 그런 강신의 의미를 받아드리지 않고, 다만 조의(弔意)를 표하는 뜻으로서, 그리고 상가의 경건한 분위기와 안정, 그리고 주위 환경을 청결하게 하고 냄새를 제거하기 위한 목적으로 향을 피울 수 있다.

상을 당한 교인가정이나 비기독교인 가정에 조문을 갔을 때, 빈소(殯所)가 어떻게 차려져 있는가를 살피고 정황에 알맞은 조의를 표해야 한다. 먼저 향을 피우거나 꽃을 올리거나 한 뒤에 고인의 영정을 바라보고 고개를 숙여 경건하게 기도를 하든지, 두 번 절하든지 이 두 가지 예법 중에서 한 가지 예법을 취하여 조의를 표한다. 그 후에, 상주나 고인의 유족들과 위로의 인사를 나눈다.

5) 상제례 의식에서 "절하는 예"에 대한 신학적 이해

한국과 동아시아 문화전통에서 산 자나 죽은 자에게 절을 하는 형식은 예(禮) 표현의 고유한 양식이다. 절은 동아시아 문화전통이 함께 공유하는 예절문화의 고유한 형태일 뿐 결코 "우상 앞에 절하지 말라"는 계명에서 말하는 우상숭배 행위와는 전혀 상관이 없다. 성경에서 말하는 "우상 앞에 절하는 행위"란 유한한 피조물을 하나님처럼 높이고 그 앞에 인간의 모든 것을 맹목적으로 복종시키는 잘못된 행위로서 인간을 비인간화시키고 우상의 노예로 만들어 버린다. 그러한 우상숭배 행위와는 본질적으로 다르게 상제례에서 절하는 몸짓은 고인에 대한 조의, 추도, 추모의 심정을 말없이 전인적(全人的) 몸짓에 담아 표현하는 전통적 예법의 일환이라고 봐야 할 것이다.

전통적으로 한국 교회가 상제례 시에 고인의 영정 앞이나 묘소 앞에서 절함으로써 조의, 추도, 추모의 정을 표하는 행동을 우상 앞에 절하는 행동으로 간주하여 금지시킨 것은 성경말씀을 지나치게 문자적으로 해석하여 계명의 참뜻을 바로 드러내지 못한 것이라 할 수 있겠다. 그러나 성경문자주의에 얽매어, 절하는 행위를 한국 기독교인에게서 빼앗아 버린 것은 한국문화 공동체 안에서 한국 기독교인을 스스로 낯선 국외자로 만들어버리는 반문화적 선교정책이었다.

이미 3대 이상 믿는 기독교 가정에서 기독교적 상제례 예식법에 익숙하여 전가족 일가친척이 절하지 않고, 기도로 조의, 추도, 추모의 뜻을 표현하는 것도 아름다운 예법이므로 그런 가정에서는 굳이 "절하는 예법"으로 되돌아 갈 필요는 없다. 그러나 가족과 일가친척 중에서 때와 장소를 따라 "절하는 예법"으로써 조의, 추도, 추모의 뜻을 표하고자 하는 사람들에게 그렇게 하도록 허락하는 것은 신앙적으로 잘잘못을 떠나서 바람직하지는 않다고 할 수 있겠다.

6) 위패를 모시거나 지방을 써서 붙이는 일에 대하여

유교적 상제례 의식에서 사대부 가정에서는 위패(位牌)를 만들어

사당(祠堂)에 모시거나, 사당이 없는 가정에서는 기제사 때마다 화선지에 "OOO씨의 신위(神位)"라는 지방(紙榜)을 써 붙이고 예식을 거행한다. 위패나 지방을 만들어 모시는 행동은 돌아가신 혼령이 그 자리에 장소적으로 임재한다는 신령의 빙의(憑依)를 신앙하는 것을 전제로 하는 행동이기 때문에 기독교인은 받아들일 수 없다. 돌아가신 고인의 영혼을 위패나 종이에 모실 것이 아니라 후손들의 지극한 마음 가운데에 모셔야 한다. 기독교 신앙의 관점에서 볼 때, 산 자와 죽은 자의 감응(感應)과 통합은 "성령의 은혜와 능력 안에서 이뤄지는 영적 교통이며 감응"이지 나뭇조각이나 종이 위에 장소적으로 임재하는 것이 아니기 때문이다.

상제례 추모제(기제사) 때에 고인의 사진이 없어서 추모제 의식에서 "중심(中心)의 상징"이 필요한 경우에는 위패나 지방을 써 붙이지 아니하고 그 대신 "OOO씨 제 O주기 추모제"라고 화선지에 쓰고, 그 아래에 짧은 성경구절을 써 붙이고 추모식을 거행하는 것이 좋다.

7) 상제례 시에 제사상 위에 음식물을 차려놓는 일에 대하여

상제례 시에 고인의 영정 앞에 음식을 차리는 일은 기독교인으로서 행하지 않는 것이 바람직하다. 그 이유는, 비록 음식을 놓은 제사상을 차리는 동기가 추모의 정을 고인에 대한 정성 그리고 정성들인 식물을 매개로 하는 상징적 표현이라고 할지라도, 죽은 자는 물질적 음식을 흠향(歆饗)하는 것이 아니기 때문이다. 위패나 지방을 써 붙이지 않는 이유와 같이 음식을 제사상 위에 차려 놓지 않는 것이 더 바람직한 것이다. 고인을 추모하는 후손이나 조문객이 그들의 추모의 정을 표현하고 싶어 고인의 영정 앞에 그 무엇을 드리고자 한다면 작은 꽃바구니나 꽃다발로서 그 예를 행함이 좋다.

상제례 시에 음식을 장만하여 예식 후에 참여자가 함께 음식을 나누어 먹는 일은 아름답고 좋은 일이다. 그것은 "음복(飮福)"의 정신을 신앙적으로 이어가는 것이다. 음복의 정신을 신앙적으로 이어간다는 말은, 상제례에 함께 참석한 일가친지들이 음식을 함께 나누며 고인을 추모하는 "성도의 교통과 사귐"의 뜻으로 바꾼다는 말이다. 우리는 음복을 통하여 전통문화의 좋은 점을 계승할 뿐만 아니라, 하늘과 땅과 인간이 어울려 노동함으로써 생산해 낸 음식물을 매개로 하여 어우러지는 생명의 연대를 체험할 수 있기 때문이다. 특히 추석이나 설날의 차례상을 정성스럽게 차려놓고 온 가족이 둘러앉아 가정예배를 드리는 것은 아름다운 일이다.

8) 장례 시 고인에게 입히는 수의와 유족의 복장에 대하여

고인에게 수의(壽衣)를 입히는 것은 옳은 일이다. 전통적 유교복식대로라면 너무나 수의가 복잡하므로 핵심적 복식예법에 필요한 형태로서 간소화한 수의를 입힌다. 삼베로 만든 수의가 마련되지 못할 경우에는 고인이 생전에 입던 옷 중에서 가장 아끼던 깨끗한 옷을 입힐 수도 있다. 고인이 생전에 입던 옷 중에서 남은 옷가지들을 부정한 것으로 생각하여 장례 후 태워버리는 일반인 습속을 기독교인은 따라서는 안 된다. 그러한 행동은 물질 낭비이며, 신앙적으로 민속신앙의 잔재이기 때문이다. 기독교인들은 적극적으로 생각하여 남은 옷가지들을 의미 있게 활용하도록 해야 한다.

유족들은 고인에게 수의가 입혀진 후 상복으로 갈아입는다. 유족들의 복장은 전통적인 삼베로 만든 상복을 입지 않아도 된다. 여자들은 흰 치마저고리를 입거나 검정 옷을 입고, 남자들은 검정색이나 화려하지 않은 색상의 양복을 입거나 한복을 입는 것 모두 가능하다. 삼베 상장을 팔에 끼거나 옷에 부착할 수 있다.

9) 첫 성묘(삼우제), 탈상예식, 추모제의 주관 등에 관하여

우제(虞祭)란 본래 죽은 이를 지하에 매장하였으므로 죽은 이의 혼령이 방황할 것을 염려하여 우제를 거행하여 혼령을 편안하게 하려는 뜻에서 행하는 의식으로서 초우, 재우, 삼우가 있었다. 기독교인은 우제의 본래 의미에 구애받지 않고 장례 3일 후 첫 성묘(삼우제)를 하여 유가족들이 묘소를 살피고, 믿음 안에서 피차 위로와 소망을 돈독히 하는 추모의 자리로 삼는 것이 좋다.

탈상일자는 정부의 가정의례준칙에 의하면 부모, 조부모, 배우자까지는 100일째로 하고, 전통적 유교 장례법에 의하면 3년째 대상일로 하고 있으나, 기독교인들은 신앙적 의미를 부여하여 탈상 일을 잡는 것이 좋다. 그리스도교 희망의 신앙에 기초를 두고 가정형편에 따라 가족들이 협의하여 탈상일자를 정할 수 있다. 그리스도교 전통에서 보면 근신하는 기간을 보통 40일로 지켜오고 있으므로, 첫 성묘 후(삼우제 후) 주일을 제외한 40일째 탈상이 바람직하다. 여기에서 주일을 제외하는 이유는 주일이 기쁨으로 하나님을 예배하는 날이기 때문이다.

추모제(기제사)의 범위는 가족들이 기억하는 조부모 대까지로 한다. 명절 때 성묘하며 추모제를 드리는 것은 권장할 일이며, 부모 양친이 모두 돌아가신 후 3년이 지난 후에는 가족들이 협의하여 부모 양위 중 한 분의 추모제 날에 양위 부모님을 함께 추모하는 합동 추모제를 드려도 좋다. 추모제의 주관은 장남이 아니더라도 좋으며 형제들이 돌아가면서 모셔도 좋다.

10) 화장(火葬)과 묘지문제 및 비기독교인에 대한 배려

성경이 말하는 대로 사람의 육체는 흙으로부터 왔기 때문에 육신의 몸이 죽으면 육체는 흙으로 돌아가고, 속사람 곧 영혼은 하늘나라로 돌아간다. 시신을 장례하는 법은 자연환경과 문화전통에 따라서 매장(埋葬), 화장(火葬), 수장(水葬), 풍장(風葬) 등 다양한 형태가 있다. 한국 사람들은 주로 매장을 하지만, 화장의 장례법도 신앙적으로 아무 문제가 없다. 화장을 하면 부활하지 못하는 것이 아닌가 염려하는 신도가 있는데, 그런 생각은 매우 잘못된 것이다. 왜냐하면 부활의 몸은 살아있을 때 지녔던 육체의 소생(蘇生)이나 재생(再生)이 아니라 하나님이 새로 주시는 "영적 몸이요 신령한 몸"(고전 15:35-49) 이기 때문이다.

제한된 국토의 공간면적을 생각하면 화려하거나 지나치게 넓은 묘지 점유는 잘못된 것이다. 매장한 후 20-30년이 지난 후쯤 남은 유골(遺骨)을 거두어 교회의 공동 납골당(納骨堂)에 함께 모시는 방법도 연구해 가야 할 것이다.

이상에서 기독교인으로서 지녀야 할 상제례법에 임하는 기본적 관점과 신앙적 태도를 살펴보았다. 상제례는 인륜의 대사이며 특히 가족들과 일가친지들이 함께 모여 이루어 나아가는 공동체 윤리의 가장 중요한 의례이다. 가족이나 일가친지 중에서 기독교 예식이 참으로 의미 있고 경건하며 가장 소망스런 예식법례라고 인정할 수 있도록 정성과 성심을 다하여 복음의 빛을 드러내야 한다. 그러는 중에서도 비기독교인이 종교적 차이로 상제례 예식 가운데서 소외감을 느끼지 않도록 가능한 한 깊은 배려와 관용의 정신을 갖는 것이 바람직하다. 특히 상제례 기간 중 교리적 논쟁이나 종교적 배타심은 경계해야 할 점임을 명심해야 한다.

2. 상제례의식

(1) 기일(忌日)이 가까워 오면 가족들은 고인을 생각하고 마음의 준비를 하며, 특히 추모제 당일은 몸과 맘을 정결하게 갖고 근신하는 자세로 맞는다.

(2) 고인이 돌아가신 날, 가족들이 정한 장소와 시간에 모인다. 추모제를 지낼 장소에 고인의 사진, 촛대 두 개, 향로, 꽃병 등을 탁자나 상 위에 올려놓는다. 십자가를 고인의 사진보다 높은 위치에 걸어놓거나 사진 곁에 세워 놓는다. 향로나 촛대를 준비하지 않아도 된다.

(3) 고인의 사진이 없는 경우나, 혹은 사진을 놓은 경우라도 필요하다고 여기는 가정에서는 다음과 같이 한지(韓紙)에 붓으로 써서 사진 위쪽에 붙여 놓는다

"아버님 OOO님(교회직분을 이름 뒤에 쓸 수도 있다) 제 O주기 추모제"

너희는 마음에 근심하지 말라. 하나님을 믿으니 또 나를 믿으라.(요14:1)

---

(4) 추모제 장소 준비가 끝나면 온 가족들이 사진을 향하여 둘러 앉고 추모제 인도자는 사진 오른편에 자리한다. 촛불을 켜고 추모제를 시작한다.

3. 상제례에 관한 문답

[문1] 임종 시에 가족들이 곡을 하는 것은 신앙인으로서 용인되
는 일입니까?

　사랑하는 가족이 돌아가셨을 때, 슬픔이 복받쳐 울음이 나오는 것
은 자연스러운 것입니다. 다만 두 가지를 유의해야 합니다. 첫째는,
임종 직후 슬픈 감정 때문에 울음이 나오는 것은 자연스런 일이나,
소망 없는 사람처럼 계속 곡하는 것은 신앙인의 태도가 아니므로 곧
슬픔을 진정시키고, 장례 준비를 차분히 서둘러야 합니다. 둘째, 과
거 유가적(儒家的) 장례풍속에 의하면, 임종 시나 문상객을 맞을 때
"에고, 에고" 등의 의성적 곡(擬聲的 哭)을 했는데, 기독교인으로서
는 형식적 곡(哭)은 바람직하지 않습니다.

[문2] 임종 후 운명하신 이의 옷을 지붕 위에 던지거나 사잣밥을
대문에 준비하는 것은 기독교 신앙에서 볼 때 어떻습니까?

　유가적 장례풍속에 의하면, 사람이 운명하면 지붕에 올라가 운명
한 자의 옷을 휘두르며 "○○○"하고 세 번 외쳤습니다. 떠나는 혼백

을 돌아오라고 부른다는 종교적 행위입니다. 그러나 기독교인들은 그런 일은 하지 않습니다. 우리 믿는 자들의 생사관(生死觀)이 그들과 다르기 때문입니다. 물론 대문 앞에 차려놓는 저승사잣밥 같은 것도 금지합니다. 우리 믿는 자들은 죽음을 영원한 하나님의 섭리 안에서 우리의 영혼이 하나님의 사자(使者)들의 인도를 받아 차원이 다른 더 높은 영적 생명의 세계로, 곧 천국으로 들어간다고 믿습니다. 죽음은 더 높은 영적 차원으로의 변화이지 황천(黃泉)으로 먼길 떠나가는 외롭고 무서운 유배생활이 아닙니다. 그리스도를 믿는 사람들에게 잡귀신들은 아무런 해도 끼치지 못합니다.

[문3] 장례 후 고인이 입던 옷이나 물건을 모두 태우는 습속(習俗)을 어떻게 생각해야 합니까?

고인의 옷이나 물건을 태우는 습속(習俗)은 죽은 이의 혼령이 옷이나 쓰던 물건에 쉽게 옮겨오거나, 영향을 받고 있다고 믿는 신앙의 유습(遺習) 때문입니다. 또는 자기의 가족이 입던 옷이나 쓰던 물건을 남이 쓰는 것을 싫어하는 생각 때문입니다. 그러나 그리스도인들은 이러한 잘못된 유습이나 신앙형태를 바른 신앙태도로써 본을 보여 고쳐가야 합니다. 물건은 귀중한 것입니다. 고인이 사용하시던 옷이나 물건을 깨끗하게 세탁, 소독, 손질하여 필요로 하는 곳에 기증하거나 나누어 씀으로서 유용하게 활용해야 합니다.

[문4] 임종 시에 가족이 돌아가시는 분에게 어떤 신앙적인 말을 들려줄 수 있습니까?

임종은 운명하시는 이가 고요하고 평온한 가운데서 해야 합니다. 유족들이 지나치게 의도적으로 신앙적인 말씀을 들려주거나, 고백을 받아내려고 서둘러서는 아니 됩니다. 필요하다면 십자가를 쥐어주거나, 십자가 성호를 손바닥에 그려주거나, "예수님만 믿으시고 하나님께 모든 것을 편히 맡기세요."라는 말씀 정도면 족할 것입니다. 운명할 시간이 가까워 오면 운명하는 사람은 살아 남아있는 가족보다 훨씬 더 차분해지고, 죽음을 두려움 없이 맞이할 준비가 됩니다.

[문5] 비기독교인 가정에 문상을 갔을 때, 대접하는 음식을 먹는 일을 어떻게 생각해야 합니까?

기독교인은 먹고 마시는 음식물을 종교적 이유로 거리낄 필요는 없습니다. 음식은 모두 귀중한 것입니다. 위생적인 이유라면 몰라도, 종교적 이유로서는 아무런 거리낌을 가질 필요가 없습니다. 다만 상가 댁에서 흔히 위생상 문제가 발생하는 경우가 있으므로(특히 간질환의 경우) 청결 여부를 살피는 것이 바람직합니다.

[문6] "고인의 명복을 빕니다."라는 인사말이 기독교적인 것인가요?

'명복(冥福)'이란 말은 기독교적 용어가 아닙니다. 죽은 뒤 가는 명부(冥府)에서 복을 받으라는 것인데, 기독교에서는 저승이나 명부를 인정하지 않기 때문에 명복이란 말은 사용하지 않습니다.

[문7] 고인을 알지 못할 경우 어떻게 문상을 해야 합니까?

옛날에는 고인이 남자고 문상객이 여자일 경우와 고인이 여자이고 문상객이 남자일 경우는 상주에게만 인사를 하였습니다.

[문8] 문상을 갔을 때, 분향하는 방법을 말해 주십시오.

분향은 향나무를 얇게 잘라서 만든 것과 공자에서 향로를 가지고 만든 것이 있습니다. 분향을 할 때 본래는 세 번 집어 향로에 태우든지 또는 향 세 개를 함께 집어 불에 댕겨 향로에 꽂든지 합니다. 그러나 격식이란 현실사정에 따라 유연성 있게 변경할 수 있습니다. 한번만 향을 집어 태우든지, 한 개만 태워도 결례가 아닙니다. 진정한 조의 표현은 향 태우는 방식에 있지 않고 마음에 달려있기 때문입니다.

[문9] 문상객이 뜸할 때, 문상객을 맞이하는 상주나 유족이 휴식을 취하는 것은 예에 어긋납니까?

예(禮)에 어긋나느냐고 묻는다면 "예(禮)에는 어긋나는 일입니다"고 말해야 옳습니다. 옛날에는 그만큼 특히 부모상을 당한 자식은 침식을 잃고 고생을 했습니다. 그러나 오늘날 그러한 엄격한 상례를 치르는 가정은 많지 않습니다. 사람의 체력에는 한계가 있으므로 유가족의 형제자매가 순번을 정하여, 잠시 동안 휴식을 취하고 음식물도 조금 섭취하고 수면도 취하는 것은 크게 예에 어긋나지 않을 것입니다.

[문10] 문상할 때 그리스도인으로서 절을 해도 되는지요?

절도 예를 표현하는 한 가지 형태입니다. 절을 함으로써 예를 표하고 싶을 때는 신앙양심의 거리끼는 마음을 갖지 말고 절을 하십시오. 그러나 아직도 절하는 문제가 나의 신앙에 충분히 정리되지 않았다면 경건한 자세로 고인의 안식을 비는 기도를 하십시오.

[문11] 문상할 때 절로서 조의를 표하려면, 절을 몇 번 어떤 자세로 해야 합니까?

돌아가신 이에게 조의의 예(禮)를 정중히 표한다는 뜻에서 두 번 절하는 것이 일반 가정의 상례였습니다. 그러나 한번 절해도 상관이 없습니다. 서서 절할 것인가 꿇어앉아 절할 것인가는 빈소의 형편에 따라야 합니다. 다만 영정을 향한 절 형태와 상주를 향한 절의 형태는 같아야 합니다. 서서 절을 했으면 상주와도 서서 절하고, 꿇어서 절했으면 상주와도 그렇게 예를 표해야 합니다.

[문12] 입관할 때에 반함(飯含)을 하거나 고인의 손톱이나 머리카락을 잘라 주머니에 넣는 풍습은 어떻게 생각해야 합니까?

그와 같은 유품(遺風)을 기독교인은 절대로 용납해서는 안 됩니다. 민속 습관이나 민속 유풍은 반드시 기독교 복음의 빛에 비춰보아서 평가되어야 합니다. "반함(飯含)은 사후에도 영혼이 무덤에서 생시와 같은 생활을 할 것이라는 막연한 심정적 기대 하에 쌀과 구슬을 시신의 입에 넣는 것인데, 그러한 미신적 풍습은 정중하게 모셔야 하는 고인의 시신을 함부로 다루는 불경(不敬)이 됩니다. 또 고인의 손톱이나 머리카락을 잘라 주머니(조발랑)에 넣는 일도 삼가야 합니다.

[문13] 추모제는 반드시 장자의 집에서만 드려야 합니까?

조선조 중기까지만 해도 형제들이 돌아가면서 제사를 모시는 이른바 윤회봉사(輪廻奉祀)도 있었습니다. 유교적 가족제도에 있어서 제사를 장자와 장손의 가정에서 모시는 것이 중요한 책임처럼 된 것은 장자중심의 농토재산 상속제도와 깊은 관계가 있었습니다. 그리스도인의 가정에서는 장자의 집에서 계속적으로 모시는 것이 통례이기도 하고 안정감이 있어 좋지만, 가족형제들의 형편과 처지를 따라서로 협의 하에 돌아가면서 지내도 안 될 것은 없습니다. 중요한 것은 그 모든 과정을 형제간의 협의와 우애를 통해 결정해야 합니다. 물론 출가한 딸의 가정에서도 추모제를 모실 수 있습니다.

[문14] 차례를 지내는 가정에서 몇 대 조상까지의 차례를 지내는 것이 바람직합니까?

보통 제주(祭主)를 기준으로 조부모님의 위(位)까지 지냅니다.

[문15] 음복(飮福)은 무엇이며 그 정신은 무엇입니까?

추모제나 장례를 지낸 후, 음식을 나누어 먹는 것을 의미합니다. 그 정신은 가족 혈연 공동체의 친교와 우애를 두텁게 할 뿐만 아니라, 조상과의 사랑의 친교와 교통을 상징하기도 합니다. 특히 음복은 같은 가족공동체끼리만이 아니라, 거상(居喪) 기간 중에는 이웃이나, 불우한 이웃에게도 음식을 나누는 아름다운 풍습으로 지켜가야 합니다.

[문16] 화장(火葬)은 기독교 부활신앙과 배치되지 않는지요?

전혀 배치되지 않습니다. 시신을 자연으로 돌려보내는 장례법에는 매장, 화장, 수장, 풍장 등 다양한 방법이 있는데, 기후 풍토와 자연환경, 가정형편, 고인의 연령, 고인의 사인 등에 따라서 가장 알맞은 방법을 택하는 것이 좋습니다. 부활은 땅위의 육신이 소생하는 것이 아니라, 하나님이 입혀주시는 전혀 새로운 신령한 몸으로 부활하는 것입니다. 그러므로 화장은 부활 신앙과는 전혀 관계가 없습니다.

[문17] 이장을 해야 할 경우가 생길 때는 매장 후 몇 년쯤이 좋으며, 장례의 하관식 때 지방에 따라서는 하관직전 탈관하여 시신만 지실에 묻는 경우를 보았습니다. 어떻게 받아드려야 합니까?

완전 육탈(肉脫)이 되어 백골만 남은 후라야 이장이 가능하므로 보통 매장 후 20년이 지나는 것이 좋습니다. 지방에 따라서는 하관 직전에 시신을 목관과 분리하여 관은 묻지 않고 삼베나 무명옷으로 감싸있는 시신만 매장하는 이유도 육탈이 깨끗하게 되도록 하기 위해서입니다. 그러므로 매장할 때 지방 풍속에 따라 탈관하는 것은 각각 지방의 풍속대로 따르되 상주가 충분히 납득한 경우라야 할 것입니다. 목관과 함께 매장해도 육탈이 되는 데는 큰 지장이 없습니다.

[문18] 시신의 매장 시에 고인이 사용하던 성경은 함께 관 속에 넣어 묻는 것은 괜찮습니까?

자손들이 고인이 보시던 성경을 관 속에 넣는 것은 절대 금지사항은 아니지만 권장 할만 일은 아닙니다. 왜냐하면, 고인이 사랑하던 성경은 유족이나 후손들이 귀한 신앙을 이어받는 정신으로 간직하고 보관하며 읽는 것이 더 옳기 때문입니다. 그리고 관 속은 육탈이 깨끗하게 이뤄지도록 해야 하기 때문에 부장품을 함께 묻는 것은 바람직하지 않습니다.

[문19] 묘 앞에 세우는 비석은 어떤 형태, 무슨 내용이 새겨져야 합니까?

묘비는 너무 크거나 호화롭지 않게 묘의 크기에 맞추어 적당한 크기이어야 합니다. 전통 양식도 좋고, 서구식도 좋습니다. 내용은 간략하게 고인의 이름과 생몰년월일, 그리고 후면에 유족이름과 입비(立碑) 연월일, 그리고 짧은 성구나 간략한 고인의 업적을 새겨 넣으면 좋습니다.

참고문헌

〈서적〉

1. 가정추모 예배서, 한치호, 두들비.

2. 관혼상제, 서울, 혜원출판사.

3. 관혼상제, 조양제, 서울, 일신서적공사.

4. 교회예식서, 박병진, 성광문화사.

5. 그리스도교대사전, 서울, 대한기독서회.

6. 기독교가정의례지침, 임택진, 한국문서.

7. 기독교대백과사전, 서울, 기독교문사.

8. 기독교와 관혼상제, 박근원, 서울 전망사.

9. 목사필휴, 곽안련, 서울, 대한기독교서회.

10. 목회학적 측면에서의 한국기독교 의례신학 정립을 위한 연구, 손영호

11. 성례와 예식, 박성호, 풀빛목회.

12. 세계백과대사전, 서울 학원사

13. 알기쉬운 관혼상제, 김상혁, 하서출판사.

14. 예식서, 김소영, 대한총회교육부.

15. 예식설교, 최정성, 백합출판사.

16. 예식설교집, 우상렬, 성광문화사

17. 축사사전, 정장복, 한국장로교출판사.

18. 특별행사 예식설교, 김리관, 기독교문사.

19. 한국의 전통상제와 성경적 장례의식, 김학도, 바른신앙.

〈요람〉

1. 경인제일교회 요람, 2012년

2. 남인천교회 요람, 2012년

3. 동현교회 생활핸드북, 2012년

4. 온누리교회 요람, 2012년

5. 점촌시민교회 요람, 2012년